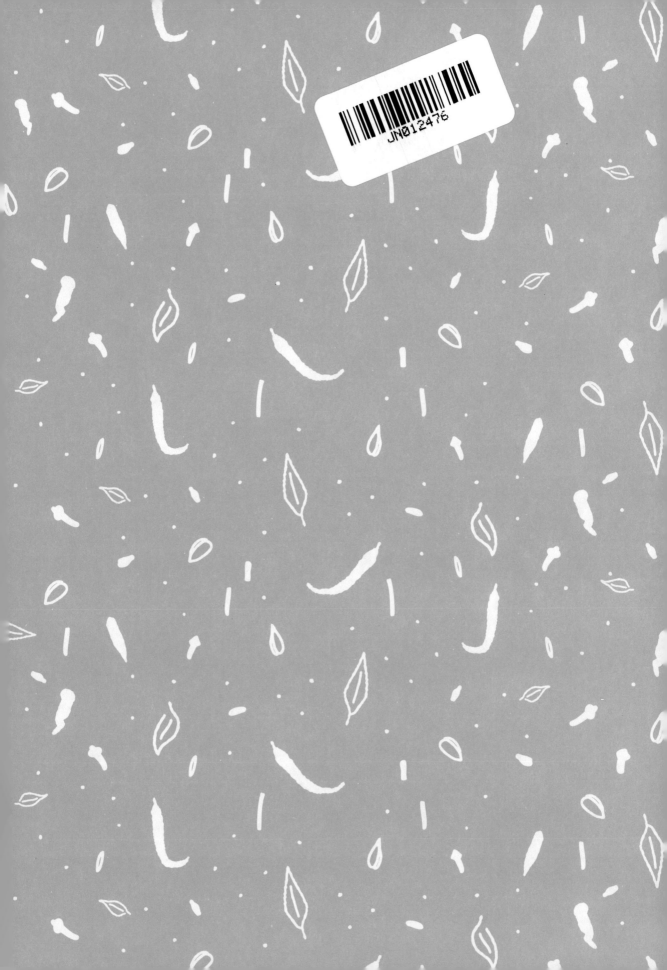

JN012476

お店の味を
完全再現

ネゴンボ33の
スパイスカレー

negombo33

山田孝二

河出書房新社

Contents

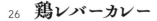

はじめに

　埼玉県の西所沢に「negombo33」をオープンして今年で14年目になります。

　カレー好きが高じ、サラリーマン時代を経て、カレー屋をはじめるまでの紆余曲折のストーリーは、P64のコラムで綴っていますが、ありがたいことにお客さんをはじめ、多くの方に助けていただいてカレー屋を続けることができています。

　店の「ラムキーマカレー」が評判となり、カレー特集が有名な雑誌から、ネゴンボのラムキーマカレーのレシピを掲載させてほしいと相談がありました。カレーのレシピを公にするという作業はそのときが初めて。読者向けに少ない分量で作るレシピを練り直し、試作を何度も繰り返して公表したところ、思いがけず様々な方面から反響があり、レシピを公にしていくことの意義を感じました。

　気になる食材を見つけたり、具体的な料理のイメージを自分流にアレンジしたり、お客さんのリクエストに応えたり。試行錯誤していると、自分でも感動する料理ができるときがあります。それを日々お店でお客さんに食べていただき、反響を確かめながら、安定しておいしく作ることができるレシピに整えてきました。

　この本では、店で提供しているそのままのレシピを4人分に調整し、材料やコツを含めてご紹介しました。ネゴンボは一人で営業しているワンオペ店なので、効率よくできるシンプルなレシピが多く、作りやすいと思います。

　最近は「これまでの経験を世の中に伝えて、何か役に立ちたい」と考えるようになりました。数年前からは、料理教室も開催し、参加者の皆さんにカレーを作る手軽さ、楽しさ、面白さ、難しさなどをお伝えしています。

　この本で多くの方がネゴンボのカレーを作りながら、よい時間を過ごしていただければ幸いです。

2023年、初夏に　negombo33店主

山田孝二

この本を使う前に

- だれもが安定しておいしく作っていただくために、本書では、カレーの**仕上がりの目安の重量を記載**しています。使う鍋や火加減、煮詰め具合によって、カレーの仕上がりの濃度が変わるからです。水分量が多ければ煮詰めて、少なければ水を足して調整してください。

- 上記の理由から、カレーの分量は基本的に**g（グラム）表記を併記**しています。大さじ、小さじの重量は、液体や粉など、材料によって誤差があるため、以下を基準にしています。再現性をより高めたい方は、gで計量することをおすすめします。
  塩 小さじ1＝5g、大さじ1＝15g
  油 小さじ1＝4g、大さじ1＝12g
  しょうが、にんにく（みじん切り）小さじ1＝2g
  一つまみは、3本の指先でつまんだ量、一つかみ（カレーリーフ）は手で軽くにぎった量です。

- 塩は自然塩、酢は米酢、油はこめ胚芽油（P95参照）、オリーブ油はエキストラバージンオリーブ油を使っています。油はひまわり油、菜種油、米油、サラダ油など、クセのない油で代用してもかまいません。

- トマト缶は、ホールタイプを使っています。完熟の「サンマルツァーノ種」は、加熱すると溶けてなじみやすく、旨みが出て味わい深くなります。トマト缶のカットタイプは酸味が強く、果肉がやや固めの「ロマーノ種」がよく使われているので、ホールタイプがおすすめです。

- 本書では、鉄製の中華鍋を使っていますが（P7参照）、ない場合は、手持ちの鍋やフライパンをお使いください。

用語について

テンパリング

ホールスパイスや香味野菜を油に入れて熱し、香りなどの成分を抽出した油ごと、料理の最後に加えることです。インド料理で使われるテクニックの1つで、これによって、より香り高いカレーに仕上げることができます。本書ではラッサムや豆カレーなどをテンパリングで仕上げています。

グレイビー

スパイスの香りを移した油でにんにく、しょうが、玉ねぎなどを炒めて作る、カレーのベースとなるソースのことです。カレーの構成要素は、このグレイビーと具の2つです。別々に作って最後に合わせるカレー（野菜カレー、ラムグリルカレーなど）と、キーマカレーのようにグレイビーと野菜が一体になっているカレーもあります。

negombo33のトレードマークの「ヤマネコ」。
カレー作りのPointの案内役としてこの本では登場します。

おいしいカレーを作るためのメソッド

カレーの味の決め手は塩

ネゴンボでは塩は一番重要なスパイスの1つと捉えています。そのため「主材料」「仕上がりの量」「塩」の割合を定めています。料理によっても異なるので基本の比率はありませんが、仕上がりの重量に対する塩の量は1%を目安にしています。「ラムキーマカレー」のように、それより多めのものもあります。この3要素の割合を整えておくと、味がボケたりすることなく、安定します。

油はクセのないこめ胚芽油を

カレー作りは、スパイスの香りや成分を油に移す作業が重要なので、クセのない油が向いています。ネゴンボではこめ胚芽油（P95参照）を使用しています。米の胚芽部分も含む、米ぬかから抽出した油で、クセがないので味の邪魔をせず、加熱するとほのかな香ばしさがあります。加熱後の酸化劣化が少ないなど、油を多く使うカレーによい点がたくさんあるので愛用しています。

玉ねぎは
焼き色をつける
ように炒める

玉ねぎに香ばしい焼き色をつけるために、みじん切りでなく、1cm角や5mm角に粗く切ります。はじめはあまり動かさずに焼きつけるように炒めて、焼き色がついたら、焦がさないように動かしながら炒めていきます。ハンバーグを焼くときのように、ほどよい焼き目を両面につけていくイメージです。その後、水分を飛ばすように、つぶしながらあめ色になるまで炒めていきます。家庭でここまで炒めるのは躊躇されるかもしれませんが、ネゴンボのカレーのおいしさのカギでもあるので、できる限りがんばって炒めてください。

基本の
ミックススパイスの
比率はこれ！

カレーの基本中の基本のスパイスが、コリアンダー、ターメリック、レッドチリパウダーの3種です。スパイスの配合は店によってもまちまちですが、ネゴンボの定番の比率は、「コリアンダー：ターメリック：レッドチリパウダー＝（大さじ）6：2：1」です。ガラムマサラのようにたくさんの種類を混ぜるのではなく、シンプルなほうが使いやすく、応用も利きます。ほかに何か追加したいときは、別に足していきます。最もよく使う組み合わせなので、混ぜておくと便利です。

コリアンダー	ターメリック	レッドチリパウダー
6	2	1

鉄製の中華鍋で
旨みをアップ

玉ねぎを香ばしく炒めるのに便利なのが鉄の中華鍋です。表面積が広く、熱量が強くなり、保温力もあるので、同じ火力でも食材を強く焼きつけて、香ばしく仕上げることができます。余分な水分もすぐに蒸発して、食材から出る水っぽさ、臭さも残りません。味だけでなく調理時間の短縮につながるメリットもあります。店で愛用しているのは直径30cmのもの。IH対応の底が平らなものもあります。仕込みに使っているのは直径35cmや39cmのもので、「ラムキーマカレー」なら、40食分ほど作れます。家庭では直径28～30cmくらいのものが使いやすいと思います。

negombo33 のカレーに使う

よく使うスパイス

パウダースパイス

コリアンダーパウダー

最も多く使用するパウダースパイス。さわやかな香りと落ち着いた甘みがある。肉や魚などのメインの食材と、そのほかの食材やスパイスとをつなぐ存在。

ターメリック

和名はウコン。鮮やかな黄色のターメリックライス（P25）でおなじみ。「ラムキーマカレー」（P12）では、ラム肉の臭みを抑え、旨みを引き出すために使っている。殺菌効果もあり、魚やえびなどの下処理にも用いている。

レッドチリパウダー

辛みと旨みを強調したいときに使用。辛みが重要な「ポークビンダルー」（P16）では大量に使用。アクセントとして少量加えることもある。「カイエンペッパー」「チリペッパー」の名称で市販されているものもある。

※ クミンやオレガノなどを混ぜたミックススパイスの「チリパウダー」と間違えないように確認して購入を。

ホールスパイス

赤唐辛子

生の赤唐辛子を乾燥させたもの。油で加熱すると独特の香ばしさと目が痛くなるような辛みと旨みが出る。種をとり出して一緒に使うと辛みが強調されるので、ネゴンボでは油に香りを移すときには種をとり出して一緒に使っている。

青唐辛子

熟す前の生の唐辛子。刺さるようなシャープな辛さと、青臭い香りは赤唐辛子にはないフレッシュさがあり、主に魚介系のカレーに使用。サラダにアクセントとして使うことも。旬の時季にまとめて購入し、冷凍保存するとよい。

クミンシード

香ばしいカレーらしい香りが特徴。熱した油に入れて香りを移し、玉ねぎなどの野菜や肉を炒めるときに用いる。インドでは「ジーラ」と呼び、熱湯で煮出した「ジーラティー」が飲まれている。

マスタードシード

甘くコクのある香り、苦みと香ばしさが特徴。表皮がついたブラウンマスタードシードと、表皮のないイエローマスタードシードがある。ネゴンボでは香りの強いブラウンを魚介や豆のカレーなどに使用。油で熱すると飛びはねるので、ふたでカバーなどするとよい。

シナモンスティック

甘い香りがあるスパイスで、お菓子やチャイ（P91）などのドリンクに用いられる。ネゴンボでは、厚みがあり力強い香りの「カシア」という品種を使用。肉との相性もよく、「ラムキーマカレー」（P12）に欠かせないスパイスの1つ。

クローブ

苦さと甘さが特徴。肉との相性がよいので「ラムキーマカレー」（P12）でも使っている。甘さよりも苦みのイメージが強く、大人のスパイスといった印象。香りが強いので入れすぎないように用いる。

カルダモン

「スパイスの女王」と呼ばれているように、ほかのスパイスにはないさわやかで上品な甘い香りが特徴。肉の臭い消しの効果もあり、「ラムキーマカレー」（P12）に使用。お菓子をはじめ、カルダモンカフェオレ（P90）のようなドリンクにも用いる。

スパイス & ハーブ

まあまあ使うスパイス

ホールスパイス

ブラックペッパー

唐辛子とは違う、刺激的でピリッとする辛さが特徴。ネゴンボでは「ポークビンダルー」（P16）の辛さのポイントになるスパイス。最後の香りづけに、ミルで挽いて加えることも多い。

フェヌグリークシード

苦みのあるスパイスで、油でじっくり炒めると甘みが出てくる。「鶏レバーカレー」（P27）のココナッツ味を引き締める役割をする。魚介や豆のカレーにほどよく加えることで味に奥行きを出すことができる。

フェンネルシード

さわやかで独特の甘い香りのするスパイス。魚介系のカレーに用いることが多い。食後の口直し用に、インド料理店のレジ横に砂糖でコーティングされたフェンネルが置かれていることも。ピクルスやお菓子などにも向く。

パウダースパイス

ヒング

セリ科の植物の樹脂を乾燥させたスパイス。硫黄のような香りがあるが、加熱することで旨みに変わる。野菜や豆料理に使うと、味が引き立つ。整腸作用があるので、ガスの溜まりやすい豆やいも料理に少量加えるのがおすすめ。

ハーブ

カレーリーフ

油でテンパリングすることで、ごまのような独特な香りを放つ。南インドでよく使われているハーブで、魚介カレーに入れると、南インドの海岸の風景が浮かぶよう。日本では地植えでは冬を越せないが、鉢植えで育てることはできる。

カスリメティ

フェヌグリーク（上記参照）の葉を乾燥させたもの。「バターチキンカレー」（P30）や「チキンカレー」（P52）に使うと独特の風味をかもし出す。カレーのトッピングにしている店もある。

使う頻度が低いスパイス

ホールスパイス

花椒（ホアジャオ）

麻婆豆腐などの四川料理でおなじみのスパイス。肉と相性がよく、ピリピリとしびれるような辛みがある。ラム肉との相性がよいので、ネゴンボでは「ラムキーマカレー」（P12）の仕上げに加えている。

コリアンダーシード

上品な香りが特徴のスパイスで、フレーバーティーの「アールグレイ」の香りに例えられることも。歯でかんだときのパチンとした食感とさわやかな香りが楽しめるのはシードならでは。サラダ（P76）とも相性がよい。

ミックススパイス

パンチフォロン

香ばしさと苦みが特徴。西インド料理で多用される。上から時計まわりに、マスタードシード、クミン、ニゲラ（P80）、フェンネル、フェヌグリーク。5種のホールスパイスを均等に混ぜたミックススパイス。「3種の豆カレー」（P36）に使用。

ハーブ

レモングラス

レモンのようなさわやかな香りが特徴で、ハーブティーにも使われる。タイやベトナムのカレーやスープにも多用される。ネゴンボでは「さつまいもチキンカレー」（P28）に使用。

トッピングに使うスパイス & ハーブ

味のアクセントや彩りに、好みで用いる。こってりとしたカレーも、パクチーやしょうがをのせると、食べやすくなったり、立体的な味わいが感じられたりする。写真右から、パクチー、しょうがのせん切り、紫玉ねぎの薄切り、ピンクペッパー、青じそ。

にんじんラペ（P25）

ダルバート風ダール（P24）

ラムキーマカレー（P12）

野菜カレー（P20）

ターメリックライス（P25）

人気のカレー Best 3

唯一無二の個性派カレーとして知られるネゴンボ33。
その中でも特に人気の高い、上位3点のカレーをご紹介します。
「ラムキーマカレー」と「ポークビンダルー」は、レトルトカレーにもなっている、
ネゴンボ33の代名詞ともいえるカレーです。
この章では作り方を写真入りで分かりやすくご紹介するので、ぜひお試しください。

ポークビンダルー（P16）

negombo33

人気
No.1

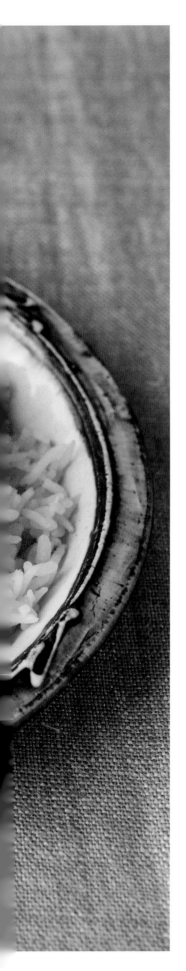

ラム肉特有の旨みを花椒が際立たせる

ラムキーマカレー

ラム肉の旨みを強調する強めの塩と花椒、
鉄鍋で肉を焦がしたビター感が特徴のネゴンボ一番人気のカレー。
ラム肉は粗びきを使い、食感を残しながら旨みを引き出します。
玉ねぎ、トマト、スパイス、油はつなぎに使うイメージで、
ラム肉の旨みをなじませて閉じ込めます。
花椒を加えることで立体的な味になります。
ラム肉を豚肉に代えて同様に作れば「ポークキーマカレー」ができます。

材料　4人分（仕上がり目安550g）

ラム肉（粗びき。P95）…… 500g

玉ねぎ（1cm角に切る）…… 150g

トマト缶（つぶす）…… 120g

赤ワイン …… 大さじ2（30g）

にんにく（みじん切り）…… 小さじ1（2g）

しょうが（みじん切り）…… 小さじ1（2g）

油 …… 大さじ3 1/3（40g）

シナモンスティック …… 1cm（1g）

クローブ …… 1個

カルダモン …… 1個

赤唐辛子（種ごと半分にちぎる）…… 1本

クミンシード …… 小さじ1/2（1g）

塩 …… 小さじ2弱（9g）

ターメリック …… 小さじ2（6g）

花椒 …… 小さじ2（2g）

ターメリックライス（P25）…… 適量

油にスパイスの香りを移す

中華鍋に油を中火で熱し、シナモンスティック、クローブ、カルダモン、赤唐辛子を入れる。

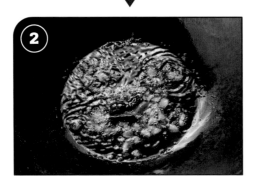

香りが立ってきたら、にんにく、しょうがを加え、まわりが色づいてくるくらいまで香りを充分に移す。

クミンシードを加え、焦がさないようにして油に香りを移す。

玉ねぎを炒める

Point! クミンシードは焦げやすいので、香りが立ったらすぐに玉ねぎを入れて油の温度を下げる

玉ねぎを加え、強火で炒める。

Point! 中華鍋は鍋底が広いので玉ねぎを広げて均一に火を通しやすい

油がなじんだら、玉ねぎを全体に広げ、強めの中火にしてあまり動かさずに火を通す。

玉ねぎのまわりが色づいてきたら混ぜ、さらに炒める。

ラム肉を加えて炒める

全体的に色づいてきたらラム肉を加えて
中火で炒める。

スパイスや
赤ワインを加えて煮る

ラム肉がほぐれたら、ターメリックと塩を
加え、混ぜながら炒めてなじませる。

ラム肉に火が通り、色づいたら、赤ワイ
ンを加え、同様に混ぜながら炒める。

肉の脂が浮いてきたら、トマト缶を加える。

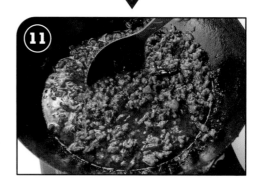

ラム肉となじむようにトマトをさらにつぶし
ながら、弱めの中火で10分ほど煮る。

全体になじんだら花椒を加えて混ぜ、火
を止める。ターメリックライスの上に盛り、
好みでしょうがのせん切り、紫玉ねぎの
薄切り、ピンクペッパー、青じそなどをトッ
ピングする。

酸味、辛みが効いたインド風スパイス角煮カレー

ポークビンダルー

インド西部のゴア州発祥といわれる豚肉のカレー。
ポルトガル領だったゴア州は
ヨーロッパ文化の影響が色濃く、
ワイン煮込みをルーツとする料理というのが定説です。
ネゴンボでは、最小限でメリハリのある
スパイスの配合と、より手軽で独特な調理法で、
複雑な味わいに仕上げます。
玉ねぎをしっかり炒めて、
香ばしいビター感と旨みをプラスすると
おいしく作れます。

豚肉をさっとゆでて、マリネする

Point!
湯通しすることで、肉の臭みと余分な脂を落とし、食感よく仕上がる

豚肉は50g大に切る。沸騰した湯に入れてサッとゆで、冷水にとり、水気をきる。

ボウルにマリネ液の材料を混ぜ合わせ、❶の豚肉を入れて冷蔵庫で2時間以上おく。

マリネ液ごと煮る

鍋に500mℓの湯を沸かし、❷の豚肉をマリネ液ごと加えて混ぜる。煮立ったら弱めの中火にし、ふたをして60分ほど煮る。赤い油が浮いてくるころが煮上がりの目安。

材料　4人分（仕上がり目安800g）

豚バラ肉（ブロック）…… 500g（または肩ロース肉。2種混ぜてもよい）

マリネ液
> プレーンヨーグルト …… 1カップ（200g）
> 塩 …… 大さじ1/2強（8g）
> 酢 …… 大さじ3 1/3（50g）
> **レッドチリパウダー** …… 大さじ2（12g）
> **ターメリック** …… 小さじ1（3g）
> **コリアンダーパウダー** …… 大さじ1（9g）

玉ねぎ（1cm角に切る）…… 300g
> 油 …… 大さじ3 1/3（40g）
> **赤唐辛子**（種ごと半分にちぎる）…… 2本
> **ブラックペッパー**（ホール）…… 10粒
> にんにく（みじん切り）…… 小さじ1（2g）
> しょうが（みじん切り）…… 小さじ1（2g）
> **クミンシード** …… 小さじ1（1g）

トマト缶（またはミニトマト）…… 30g
赤ワイン …… 大さじ3 1/3（50g）

油にスパイスの香りを移す

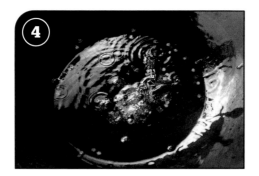

中華鍋に油を中火で熱し、赤唐辛子、
ブラックペッパーを入れる。

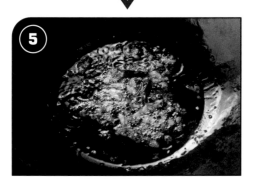

香りが立ってきたら、にんにく、しょうが
を加え、まわりが色づいてくるまで熱する。

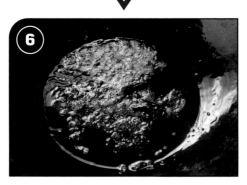

油に香りが充分に移ったら、クミンシード
を加え、焦がさないように香りを移す。

玉ねぎを炒める

玉ねぎを加え、強火にして玉ねぎと油が
なじむまで炒める。

油がなじんだら、玉ねぎを全体に広げ、
強めの中火にしてあまり動かさずに焼き
つけるようにして火を通す。

玉ねぎのまわりが色づいてきたら動かす。

▼

煮込んだ豚肉と
合わせて煮る

⑩

これをさらに繰り返し、全体が色づいて
きたら中火にしてつぶしながら炒める。

▼

❸の豚肉の煮込みから煮汁を適量とって
加え、なじませる。

▼

Point!

玉ねぎをここまで炒めることで、
ビターな香ばしさと旨みが生まれる

⑪

⑭

焦げる直前までよく炒めて、玉ねぎの甘
みを引き出す。炒め上がりの目安は、油
がにじんでくるまで。

▼

煮汁がなじんだら、❸の豚肉の煮込み
をすべて加える。

▼

⑫

⑮

トマト缶を加えてつぶしながら炒め、なじ
ませる。

▼

赤ワインを加え、15〜20分煮る。アルコー
ル分が飛び、一体感が出たらでき上がり。
途中で水分量が減るので、最後に水分
量と塩加減を調える。

強火で焼き上げ、野菜の旨み、
食感、香ばしさの一体感を味わう

野菜カレー

定番の野菜のほかに、旬の野菜を入れると、季節感も味わえます。

おいしさのポイントは、香り、食感、油とグレイビーとの一体感の3つ。

野菜は煮込まずに、グレイビーをかけながら焼きつける、鉄板焼きそば式の調理法で、

食感を残しながらスパイスの風味をなじませることで一体感が生まれます。

材料 4人分（仕上がり目安800g）

なす …… 1個（100g）

さつまいも …… 100g

パプリカ（赤）…… 1/2個（100g）

長ねぎ（白い部分）…… 1/2本

ミニトマト …… 4個

ほうれん草 …… 50g

木綿豆腐 …… 100g

油 …… 大さじ3 1/3（40g）

赤唐辛子（種ごと半分にちぎる）…… 1本

塩 …… 一つまみ（1g）

みょうが（せん切り）…… 適量

グレイビー（ベースのソース）

玉ねぎ（1cm角に切る）…… 250g

油 …… 大さじ3 1/3（40g）

シナモンスティック …… 1cm（1g）

クローブ …… 1個

カルダモン …… 1個

赤唐辛子（種ごと半分にちぎる）…… 1本

にんにく（みじん切り）…… 小さじ1（2g）

しょうが（みじん切り）…… 小さじ1（2g）

クミンシード …… 小さじ1/2（1g）

トマト缶（またはミニトマト）…… 50g

塩 …… 小さじ1（5g）

ミックススパイス（P7）…… 大さじ2（12g）

作り方

油にスパイスの香りを移す

グレイビーを作る。中華鍋に油を中火で熱し、シナモンスティック、クローブ、カルダモン、赤唐辛子を入れる。

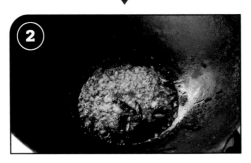

香りが立ってきたら、にんにく、しょうがを加えて熱し、まわりが色づきはじめたら、クミンシードを加えて焦がさないように油に香りを移す。

玉ねぎを炒める

玉ねぎを加えて強火で炒める。油がなじんだら鍋に玉ねぎを広げて、あまり動かさずに炒める。

玉ねぎのまわりが色づいてきたら混ぜながら炒め、全体的に色づいてきたら中火にしてつぶしながら炒める。

⑤

焦がさないように火加減を調節しながらあめ色になり油がなじんでくるまで炒める。

⑥

トマト缶を加え、形がなくなるまでつぶしながら炒める。焦げそうなときは少し水を加えて、なじむまで炒める。

⑦

火を止めて、塩、ミックススパイスを加えて炒める。スパイスがなじんだら中火にする。

⑧

水800㎖を数回に分けて加え、10分ほど煮る。

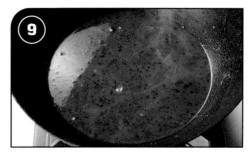

⑨

グレイビーのでき上がり。

具材を用意する

⑩

さつまいもは皮ごと薄い輪切りにし、パプリカは縦5㎜幅に切る。長ねぎは3㎝長さに切り、ミニトマトはヘタをとる。ほうれん草は5㎝長さにざく切りにする。なすは縦半分に切って1㎝幅に切る。豆腐は一口大に切る。

具材を炒める

Point 固い野菜から順番に炒めていく

⑪

鍋に油を熱し、赤唐辛子を入れて熱し、香りが立ったら長ねぎ、さつまいもの順に入れ、ときどき返しながら、長ねぎに焼き色がつくまで炒める。

▼

豆腐を加え、焼き色がついたら、返して炒める。厚揚げ風にしっかり焼き色をつける。

▼

Point

なすは油を吸うので、長ねぎ、さつまいも、豆腐に焼き色をつけてから加える

なすとパプリカを空いているところに加え、焼き色がついたら、炒め合わせる。

▼

14のグレイビーを大さじ2ほど加えて炒め、塩も加え、スパイスの香りを移す。

▼

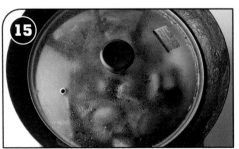

ほうれん草を加えて炒め合わせたら、ミニトマトを加え、ふたをして3分蒸らして火を通す。

▼

▼

グレイビーにのせる

野菜炒めのでき上がり。器に❾のグレイビーを盛り、炒めた具材を等分にのせ、みょうがをトッピングする。

おすすめの野菜リスト

基本の野菜

● なす、パプリカ、長ねぎ、さつまいも、ミニトマト

葉野菜

● ほうれん草、小松菜

春　　夏　　秋冬

● 春／うど、ふきのとう　夏／ゴーヤ、オクラ、ズッキーニ　秋冬／カリフラワー、ごぼう

最初に炒める具材

● 焼き色をつけたい野菜＝長ねぎ、豆腐
● 根菜系の甘みのある固い野菜＝さつまいも、かぼちゃなど
● なす（油を吸うので、上の野菜のあとに入れる）

次に炒める野菜
（ほどよく炒めて形が崩れにくいもの）

● パプリカ、ごぼう、ズッキーニ、カリフラワー

最後に炒める野菜

● 葉野菜＝ほうれん草、小松菜
● 形が崩れやすいもの＝ミニトマト、オクラ、ゴーヤ

ダルバート風ダール

ネパール料理の定食「ダルバート」の「ダール」をイメージした豆カレー。
ホッとする味わいで、ネゴンボではごはんに添えて提供しています。

材料 4人分（仕上がり目安800g）

レンズ豆（皮なし・半割り。下記参照）…… 160g
ウラドダル（皮つき・半割り。下記参照）…… 40g
ミックススパイス（P7）…… 大さじ2（12g）
塩 …… 大さじ1/2強（8g）

テンパリング

油 …… 大さじ2 1/2（30g）
赤唐辛子（種ごと半分にちぎる）…… 2本
ヒング …… 小さじ1/4（1g）
マスタードシード …… 小さじ1（3g）
にんにく（みじん切り）…… 小さじ1（2g）
しょうが（みじん切り）…… 小さじ1（2g）
フェヌグリークシード …… 小さじ1/2（2g）

作り方

豆をゆでる

❶ レンズ豆とウラドダルはさっと洗い、鍋に入れて水1ℓを注ぎ、30分浸水させる。鍋を中火にかけ、沸騰してからミックススパイスと塩を加え、弱火で30分煮る（焦げやすいので注意する。水分が足りなくなったら水を足す）。

テンパリング

❷ フライパンに油を中火で熱し、赤唐辛子とヒングを入れ、赤唐辛子が黒っぽく色づいて香りが立ったら、マスタードシードを加え、はじけてきたら、にんにくとしょうがを加える。香りが立ったらフェヌグリークシードを加えて油に香りを移し、❶に油ごと加えて混ぜる。味をみて、水分量と塩加減を調える。

Pick up

ウラドダル

ケツルアズキ（ブラックマッペ）の皮つきのまま半割りにしたもの。皮の食感とコクが楽しめ、食べごたえもある。

レンズ豆

皮をむいたオレンジ色のもの。マスールダール、レッドレンティルとも呼ばれる。長時間浸水しなくても短時間で煮えるので、時間がないときに便利。

にんじんラペ

チーズグレーターで削ることで、
切り口に凹凸ができて味がなじみやすくなります。
コリアンダーシードの香りと食感がアクセント。

材料 3～4人分

にんじん …… 250g
塩 …… 小さじ1/2弱（2g）
酢 …… 小さじ2（10g）
油 …… 大さじ1 1/4（15g）
コリアンダーシード …… 小さじ1（2g）

作り方

❶ にんじんは皮をむき、チーズグレーターで削る。

❷ 材料をすべて混ぜ合わせ、なじませる。

※保存袋などに入れ、冷蔵庫で3日ほど保存が可能。

ターメリックライス

香りよく軽い食感のバスマティライスと
日本米を合わせると食べやすくなります。
バスマティライスがない場合は、日本米だけでも。

材料 4人分

バスマティライス（P86参照）…… 1合（150g）
日本米 …… 2合（300g）
塩 …… 一つまみ（1g）
ターメリック …… 小さじ1/3（1g）
レッドチリパウダー …… 少々
クミンシード …… 小さじ1/2（1g）
シナモンスティック …… 1cm（1g）
カルダモン …… 1個

作り方

❶ バスマティライスと日本米は合わせて軽くとぐ。炊飯器の内釜に入れて、3合の目盛りまで水を注ぎ、塩、ターメリック、レッドチリパウダーを加えて混ぜ、1時間以上浸水させる。

❷ クミンシード、シナモンスティック、カルダモンを加えて混ぜ、通常モードで炊飯する。

※日本米の場合は、粘り気が少なくさっぱりとしたササニシキ、ななつぼしなどがカレーに合う。

スパイスが香るカレー

Chapter 2

ほかでは味わえない「鶏レバーカレー」をはじめ、
各種の豆カレーやオイスターカレーまで、
カレーマニアの舌をとりこにする、独自のカレーが勢ぞろい。

鶏レバーカレー

一番大事なのは、新鮮なレバーを使うこと。次に下処理。
これができれば、あとは炒めた玉ねぎと合わせてココナッツミルクで煮込むシンプルなレシピです。

材料　4人分（仕上がり目安800g）

鶏レバー（ハツつき）······ 700g

牛乳 ······ 大さじ2 (30g)

ミックススパイス（7p）······ 大さじ1 2/3 (10g)

玉ねぎ（1cm角に切る）······ 1個 (200g)

　油 ······ 大さじ3 1/3 (40g)

　赤唐辛子（種ごと）······ 1/2本

　にんにく（みじん切り）······ 小さじ1 (2g)

　しょうが（みじん切り）······ 小さじ1 (2g)

　フェヌグリークシード ······ 小さじ1/2 (2g)

ココナッツミルク ······ 1カップ (200g)

塩 ······ 小さじ1弱 (4g)

作り方

鶏レバーの下処理

① レバーとハツを切り分ける。レバーは食べやすい大きさに切り、ハツは余分な脂は除き、血の塊が残っている場合は、取り除く。ボウルに入れて流水に10分ほどさらし、水の濁りがなくなるまで血抜きをする。

② ザルに上げて10分ほどおき、水気をきる。ボウルか保存袋などに入れ、牛乳を加えて浸し、冷蔵庫に2時間以上おく。

③ ②をザルに上げて10分ほどおいて水気をきり、ボウルに入れる。ミックススパイスを加え、全体にからめる（**a**）。再び冷蔵庫に1時間以上おく。

油にスパイスの香りを移す

④ 中華鍋に油を熱し、赤唐辛子を加える。香りが立ったら、にんにく、しょうがを加え、少し色づくまで焦がさないように香りを移す。香りが立ったら、フェヌグリークシードを加え、すぐに泡が出てくるので、焦がさないようにして、油に香りを移す。

玉ねぎを炒める

⑤ 玉ねぎを加えて強火にして炒める。油がなじんだら、玉ねぎを広げてあまり動かさずに火を通す。玉ねぎのまわりが色づいてきたら混ぜ、強めの中火にしてさらに炒める。

マリネしたレバーを加えて煮る

⑥ 全体に色づいてきたら③のレバーを加えて炒め、白っぽくなったら、ココナッツミルク、水100㎖、塩を加え、煮立ったら、ふたをして弱火で15分ほど煮る。脂が浮いてきたらでき上がり。好みで、しょうがのせん切りや刻んだパクチーをトッピングする。

/Point/ できるだけ新鮮なレバーを用意して。そうでないと、丁寧に下処理してもおいしくできないので要注意

α

レバーはハツがついたものを使用。丁寧に下処理してから、ミックススパイスをまぶしてマリネする。

ナンプラーで味つけしたベトナム式チキンカレー

さつまいもチキンカレー

甘みのあるさつまいもと、ココナッツミルク、レモングラスとのバランスが味の決め手。
地元の所沢や川越で名産のさつまいもを活かしたカレーです。

材料 4人分（仕上がり目安800g）

さつまいも …… 200g

鶏もも肉 …… 200g

玉ねぎ（1cm角に切る）…… 150g

　油 …… 大さじ1 2/3（20g）

　マスタードシード …… 小さじ2/3（2g）

　シナモンスティック …… 1cm（1g）

　フェヌグリークシード …… 小さじ1/4（1g）

　にんにく（みじん切り）…… 小さじ1（2g）

　しょうが（みじん切り）…… 小さじ1（2g）

ミックススパイス（7p）…… 大さじ2（12g）

トマト缶（またはミニトマト）…… 30g

レモングラス（乾燥）…… 5cm（2g）

酒 …… 大さじ2（30g）

ココナッツミルク …… 1カップ（200g）

ナンプラー（下記参照）…… 大さじ1 1/3（20g）

作り方

下準備

1 さつまいもは皮をつけたまま2.5cm厚さの輪切りにし、大きいものは半月に切る。鶏肉は小さめの一口大（約20g）に切る。

油にスパイスの香りを移す

2 中華鍋に油を中火で熱し、マスタードシードとシナモンスティックを入れる。マスタードシードがはじけ出したら、フェヌグリークシードを加え、少し色づいて香りが立ったら、にんにく、しょうがを加えて軽く炒めて油に香りを移す。

玉ねぎを炒める

3 玉ねぎを加え、玉ねぎが透き通ってまわりに少し焼き色がつくまで炒める。

具材を加えて煮る

4 鶏肉を加えて炒め、両面に焼き色をつける。ミックススパイスを加えて炒め、トマト缶を加え、つぶしながら炒めて全体になじませる。さつまいも、レモングラス、水200ml、酒を加え、ひと煮立ちしたら、ふたをして弱火で10分ほど蒸し煮にする。

5 ココナッツミルク、ナンプラーを加え（**a**）、弱火でさつまいもがほどよいやわらかさになるまで10〜15分煮る。

Pick up

ナンプラー

タイの魚醤。特有の旨みがあり、タイ風カレーのようなコクがほしいときに使う。

Point！ 塩は使わず、塩気はすべてナンプラーで補う

ココナッツミルクとナンプラーを加えて味を調える。

鶏胸肉を使い、トマトの酸味を活かした
バターチキンカレー

トマト感のある、さわやかで食べやすい味に仕上げているので、
濃厚なバターチキンが得意でない人にもおすすめです。チャパティやパンとあわせてもおいしい。

材料 4人分（仕上がり目安800g）

鶏胸肉（皮なし）…… 250g
マリネ液
　プレーンヨーグルト …… 2/5カップ（80g）
　おろしにんにく …… 小さじ1（5g）
　おろししょうが …… 小さじ2（10g）
　ミックススパイス …… 大さじ1（6g）
　トマトケチャップ …… 大さじ1強（16g）
　はちみつ …… 小さじ1強（8g）
　レモン汁 …… 大さじ1/2強（8g）
　塩 …… 小さじ1強（6g）
玉ねぎ（5mm角に切る）…… 150g
油 …… 大さじ2 1/2（30g）
バター …… 30g
パッサータ（粗ごしトマト。またはトマト缶をつぶす）…… 160g
酒 …… 大さじ2 2/3（40g）
生クリーム …… 2/5カップ（80g）
カスリメティ …… 大さじ2（2g）

作り方

鶏肉をマリネする

1 鶏肉は小さい一口大のそぎ切りにする。ボウルにマリネ液の材料を混ぜ合わせ、鶏肉を入れてもみ込み、冷蔵庫に1時間以上おく。

玉ねぎを炒める

2 中華鍋に油を中火で熱し、玉ねぎを炒める。玉ねぎのまわりに少し焼き色がついてきたらバターを加えて溶かす。

マリネした鶏肉と合わせて煮る

3 **1**の鶏肉をマリネ液ごと加え（**a**）、弱めの中火で鍋底が少し焦げついて香ばしくなるまで炒めて火を通す（鍋底の焦げをこそげとりながら、強い焦げは残さずにほどよく焦げもあり香ばしい状態に炒める）。

4 パッサータ、水120ml、酒を加えてひと煮立ちしたら、ふたをして弱火で10分煮る。

生クリームとスパイスを加えて仕上げる

5 生クリーム、カスリメティを加えて混ぜ、煮立ったら火を止める。最後に水分量と塩加減を調える。好みで素焼きのカシューナッツを砕いて散らし、ガラムマサラをふる。

α

1時間以上マリネした鶏肉を加える。
ヨーグルトやスパイスでマリネすること
で鶏胸肉がしっとりやわらかく仕上がる。

大人も子どもも食べやすい鶏ひき肉のキーマカレー

キーママタル

ヒンディー語で、キーマは「ひき肉」、マタルは「グリンピース」のこと。
インドではマトンで作ることが多いですが、
鶏ひき肉を使い、玉ねぎの水分を飛ばして旨みをプラスします。

材料 4人分 （仕上がり目安600g）

鶏ひき肉 …… 500g

グリンピース （冷凍可） …… 30g

玉ねぎ （1cm角に切る） …… 150g

にんじん （みじん切り） …… 50g

　　油 …… 大さじ2 1/2 （30g）

　　赤唐辛子 （種ごと半分にちぎる） …… 1本

　　にんにく （みじん切り） …… 小さじ1 （2g）

　　しょうが （みじん切り） …… 小さじ1 （2g）

　　クミンシード …… 小さじ1 （2g）

塩 …… 小さじ2 （10g）

ターメリック …… 小さじ1 （3g）

酒 …… 大さじ2 （30g）

トマト缶 （つぶす） …… 120g

トマトケチャップ …… 100g

作り方

油にスパイスの香りを移す

❶ 中華鍋に油を中火で熱し、赤唐辛子を入れ、香りが立ってきたら、にんにく、しょうがを加え、まわりが色づいてくるまで火を通す。

❷ 香りが充分に移ったら、赤唐辛子をとり除き、クミンシードを加え、焦がさないように油に香りを移す。

玉ねぎを炒める

❸ 玉ねぎを加え、強火で炒める。油がなじんだら、鍋に玉ねぎを広げ、あまり動かさずに火を通す。玉ねぎのまわりが色づいてきたら軽く動かす。

❹ にんじんを加え、強めの中火で炒めて、全体的に色づいてきたら、玉ねぎの水分が飛ぶまでしっかりと炒め合わせる。

鶏ひき肉を加えて煮る

❺ ひき肉を加えて（**a**）中火で炒め、塩、ターメリックも加えて混ぜながら炒めてなじませる。

❻ ひき肉に火が通ったら、酒を加え、さらに混ぜながら炒める。酒がなじんだらトマト缶を加える。トマトの形がなくなるまでさらにつぶしながらなじませ、焦げないように気をつけて、ときどき混ぜながら10分ほど煮る（多少の焦げは香ばしさになる）。

グリンピースを加えて仕上げる

❼ 脂が浮いてきて全体的になじんだら、ケチャップ、グリンピースを加えて5分ほど煮る。

玉ねぎをよく炒めたところに、鶏ひき肉を加えて炒め合わせる。

タマリンドの酸味が効いた南インドのスープ

ラッサム

酸味、辛み、旨みが一体となったおいしさがポイント。
タマリンドペーストを使うと、手軽に作れます。

材料　4人分（仕上がり目安800g）

トマト缶 …… 1/2缶（200g）

玉ねぎ（5mm角に切る）…… 1/2個（100g）

おろしにんにく …… 大さじ1弱（12g）

おろししょうが …… 小さじ1強（6g）

タマリンドペースト（下記参照）…… 15g

レッドチリパウダー …… 小さじ1 1/2（3g）

塩 …… 大さじ1/2弱（7g）

ラッサムパウダー

　ブラックペッパー（ホール）…… 小さじ1（3g）

　クミンシード …… 小さじ1/2（1g）

　赤唐辛子 …… 1本

テンパリング

　油 …… 大さじ2 1/2（30g）

　マスタードシード …… 小さじ1（3g）

　赤唐辛子（種ごと半分にちぎる）…… 1本

　にんにく（つぶす）…… 5g

　フェヌグリークシード …… 小さじ1/2（2g）

　ヒング …… 小さじ1/4（1g）

　カレーリーフ …… 一つかみ（2g）

作り方

下準備

❶ ラッサムパウダーを作る。ブラックペッパー、クミンシード、赤唐辛子をフライパンで空煎りし、フードプロセッサーで攪拌してパウダー状にする（5gできる）。

❷ トマト缶は缶汁ごとフードプロセッサーにかけてなめらかにする。

ベースのスープを作る

❸ 鍋に❷のトマト缶、玉ねぎ、おろしにんにく、おろししょうが、水500mℓを入れて強火にかける。煮立ったら中火にして、タマリンドペースト（**a**）、レッドチリパウダー、塩、❶のラッサムパウダーを加えて混ぜ、2分ほど煮て、火を止める。

テンパリング

❹ フライパンに油を中火で熱してマスタードシードを入れ、はじけてきたら、赤唐辛子、にんにく、フェヌグリークシード、ヒングを加える。にんにくが色づいてきたら、カレーリーフを加えて油に香りを移し、❸の鍋に加えて（**b**）混ぜる。

α

タマリンドペーストを加えて、まろやかな酸味をプラスする。

b

最後に炒めたスパイスを油ごと加えて、香りよく仕上げる。

3種の豆カレー

食べごたえのある体にやさしい味わい

材料　4人分（仕上がり目安800g）

イエロームングダール（下記参照）…… 80g

チャナダール（下記参照）…… 40g

レンズ豆（皮なし・半割り。P24）…… 80g

ミックススパイス（P7）…… 大さじ2（12g）

塩 …… 大さじ1/2強（8g）

テンパリング

　油 …… 大さじ2 1/2（30g）

　にんにく（みじん切り）…… 小さじ1（2g）

　ヒング …… 小さじ1/4（1g）

　パンチフォロン（P9）…… 大さじ1（9g）

Pick up

イエロームングダール（左）

ムング豆（緑豆）の皮をむいて半割りにしたもの。消化がよく、栄養価が高いので滋養食に用いられる。

チャナダール（右）

赤ひよこ豆のひき割り。カレーのほかスープや炒めものに使う。ベジタリアンの栄養源として欠かせない豆。

Point

ネゴンボ33の豆カレーについて

豆カレーは副菜的に提供しています。1種類で作ってもおいしいですが、「3種の豆カレー」のように、味や食感など、完成のイメージによって、タイプの異なる豆を組み合わせることも多いです。豆の量、ゆでる水の量、塩加減は、下記の黄金比を目安にすると味が安定します。

【豆カレーの黄金比】

豆の量　：　ゆでる水
豆の5倍　：　仕上がり量
豆の4倍　：　塩の量
仕上がり量の1%

例：4人分の豆カレーを作る場合

豆の量	ゆでる水	仕上がり量	塩の量
200g	1000g（1ℓ）	800g	8g

作り方

2種の豆を煮る

❶ 豆はそれぞれ水で軽く洗う。鍋にイエロームングダールとチャナダールを入れて水1ℓを注ぎ、中火にかける。煮立ったら弱火にして30分煮る。鍋底が焦げやすいので途中でときどき混ぜ、水分が少なくなったら水を適宜足す。

❷ 豆がなじんできたら、ミックススパイスと塩を加えて混ぜる。

レンズ豆を加える

❸ レンズ豆を加え（**a**）、再び煮立ってから10分ほど煮る。

テンパリング

❹ フライパンに油を熱してにんにくを入れ、まわりが色づいてきたら、ヒングとパンチフォロンを加えて油に香りを移し、❸に加えて混ぜる。味をみて、水分量と塩加減を調える。

ほかの豆より火の通りやすいレンズ豆は、あとから加えて食感を残す。

36

「イエロームングダール」は味、「チャナダール」は食感、
「レンズ豆」は味と食感のバランスを考えて
組み合わせます。
豆の割合は好みでアレンジしてもよいでしょう。

豆のつぶし加減がポイント

ひよこ豆のカレー

ホクホクしたひよこ豆を、トマトの酸味と赤唐辛子の辛み、
ミックススパイスの風味をバランスよくなじませて、深い味わいに。

材料　4人分（仕上がり目安600g）

ひよこ豆＊（ゆでたもの）…… 300g

　油 …… 大さじ2 1/2（30g）

　赤唐辛子（種ごと半分にちぎる）…… 2本

　にんにく（みじん切り）…… 小さじ2（4g）

　しょうが（みじん切り）…… 小さじ2（4g）

　クミンシード …… 小さじ1（2g）

玉ねぎ（1cm角に切る）…… 150g

トマト缶（つぶす）…… 3/4缶（300g）

ミックススパイス（P7）…… 大さじ2 1/2（15g）

塩 …… 小さじ1（5g）

ひよこ豆のゆで汁（または水）…… 300㎖

＊乾燥のひよこ豆を使う場合は、鍋にたっぷりの水とひよこ豆150g（ゆでると約2倍になる）を入れて12時間以上つけてもどす。強火にかけ、煮立ったら弱めの中火で20分煮る。ゆで汁はとりおく。

Pick up

ひよこ豆

ホクホクとした食感で、食べごたえがある。「ガルバンゾ」の名でも知られ、インドでは「カブリチャナ」と呼ばれる。カレーをはじめ、スープやサラダなどに用いられる。

作り方

油にスパイスの香りを移す

1 中華鍋に油を中火で熱し、赤唐辛子を入れ、色づいてきたら、にんにくとしょうがを加え、黄色くなって香りが出てきたら、クミンシードを加え、油に香りを移す。

玉ねぎを炒める

2 クミンの香りが立ったらすぐに玉ねぎを加えて炒める。油がなじんだら鍋に広げてあまり動かさずに火を通す。まわりが色づいてきたら少し動かしながら炒め、全体的に茶色く色づくまで炒める。

3 トマト缶を加え、ヘラでさらにつぶしながら油がなじむまで炒める。

ひよこ豆を加えて煮る

4 ミックススパイスと塩を加え、なじんだらひよこ豆を加えて混ぜ、ひよこ豆のゆで汁を加える。ひよこ豆の1/3量をつぶしながら（**a**）10分ほど煮る。水分が減ってドライな感じになってきたらでき上がり。味をみて、塩加減を調える。

ひよこ豆の1/3量をヘラでつぶしながら煮て、なじませる。

レンズ豆とかぼちゃでやさしい味わいに

夏の豆カレー

**手早く作れるレンズ豆のカレーに、
スパイス油で炒めた野菜をテンパリングして仕上げます。**

材料 4人分（仕上がり目安800g）

レンズ豆（P24）…… 200g

かぼちゃ …… 100g

なす …… 1個（100g）

パプリカ（赤）…… 1/4個（50g）

塩 …… 大さじ1/2強（8g）

ミックススパイス（P7）…… 大さじ2（12g）

テンパリング

油 …… 大さじ2 1/2（30g）

マスタードシード …… 小さじ1（3g）

ヒング …… 小さじ1/4（1g）

カレーリーフ …… 一つかみ（2g）

作り方

下準備

❶ かぼちゃは種とワタを除き、5mm厚さの一口大に切る。なすはヘタを切り落とし、4つ割りにしてから2cm幅に切る。パプリカはヘタと種を除き、一口大に切る。

レンズ豆とかぼちゃをゆでる

❷ レンズ豆は水でさっと洗う。鍋に入れ、水1ℓを注いで強火にかけ、❶のかぼちゃも入れる。沸騰したら吹きこぼれない火加減にし、アクが出たら除き、15分ほどゆでる。

スパイスを加えて煮る

❸ 塩、ミックススパイスを加え、レンズ豆がやわらかくなったら火を止める（30分以上煮て、豆や野菜が溶けてポタージュのようになってもおいしい）。塩加減は、好みで調節する。味が薄いときは少し煮詰め、濃いときは水分を足して再び煮立てる。

テンパリング＋野菜

❹ 中華鍋に油とマスタードシードを入れて熱し、マスタードシードがパチパチはじけてきたら、ヒングを加え、シュワッと泡立ったらカレーリーフを加えて油に香りを移す。パリッと音がしてはじけたら、なすとパプリカを加えて、火が通るまで炒める（**a**）。

❺ ❸に加えてざっくりと混ぜ、少し煮て全体がなじんだらでき上がり。

スパイスの香りを移した油で、野菜を炒めて火を通し、これをベースの豆カレーに加える。

冬が旬の大根の甘みを楽しむ豆カレー

大根豆カレー

豆はウラドダルとレンズ豆の2種を使用。
おでんの大根をイメージした、どこか懐かしい落ち着いた味わいのカレーです。

材料 4人分（仕上がり目安800g）

大根 …… 160g

ウラドダル（皮なし・半割り。下記参照）…… 80g

レンズ豆（P24）…… 120g

ミックススパイス（P7）…… 大さじ2（12g）

塩 …… 大さじ1/2強（8g）

テンパリング

　油 …… 大さじ1 2/3（20g）

　ヒング …… 小さじ1/4（1g）

　マスタードシード …… 小さじ1（3g）

　にんにく（みじん切り）…… 小さじ2（4g）

　青唐辛子（小口切り）…… 5本（5g）

青菜（春菊、ほうれん草、小松菜など）…… 50g

作り方

大根とウラドダルをゆでる

1 大根は3cm角に切る。鍋に大根とウラドダルを入れ、水1ℓを注ぎ、強火にかける。沸騰したら中火にし、大根がやわらかくなるまで30分ほどゆでる。

レンズ豆とスパイスを加えて煮る

2 大根がやわらかくなったら、レンズ豆、ミックススパイス、塩を加え、レンズ豆が固めにゆで上がるまで15分ほど煮る。味をみて、水分量と塩加減を調える。

テンパリング＋青菜

3 青菜は2cm幅に切る。中華鍋に油を熱し、ヒング、マスタードシード、にんにく、青唐辛子の順に加え、油に香りを移す。香りが立ったら青菜を加えて炒め（**a**）、軽く火が通ったら**2**のカレーに加えて混ぜる。

Pick up

ウラドダル

ケツルアズキ（ブラックマッペ）の皮をむいて半割りにしたもの。煮込むとクリーミーでやさしい味わい。

スパイスの香りを移した油で青菜を炒め、これを豆カレーに加える。

カレーリーフのフレッシュな香りを楽しむ

カレーリーフの豆カレー

**おかゆのような味わいのイエロームングダールをシンプルに味わうカレー。
カレーリーフがよいアクセントになります。**

材料　4人分（仕上がり目安800g）

イエロームングダール（P36）…… 200g
ミックススパイス（P7）…… 大さじ2（12g）
塩 …… 大さじ1/2強（8g）
テンパリング
　油 …… 大さじ2 1/2（30g）
　ヒング …… 小さじ1/4（1g）
　にんにく（みじん切り）…… 小さじ1（2g）
　青唐辛子（小口切り）…… 3本（3g）
　マスタードシード …… 小さじ1（3g）
　カレーリーフ …… 一つかみ（2g）

作り方

豆をスパイスで煮る

❶ 鍋に水1ℓとイエロームングダールを入れて30分以上浸水させる。鍋を火にかけ、煮立ったら、ミックススパイス、塩を加え、弱火で15分ほど煮る。アクが出たら除く。

テンパリング

❷ 中華鍋に油を中火で熱し、ヒング、にんにく、青唐辛子を入れる。にんにくが色づいてきたら、マスタードシードを加え、マスタードシードがはじけて香りが出てきたら、カレーリーフを加え、油に香りを移す（a）。❶に加えて混ぜ合わせる。味をみて、水分量と塩加減を調える。

カレーリーフは最後に加え、香りが立ったら、豆カレーに加えて仕上げる。

牛バラ肉を大きめにカットしたごちそうカレー

ビーフカレー

焼き肉を食べたときに、牛肉のおいしさを再認識して作ったカレー。
上質な牛肉の旨みがグレイビーにも溶け込んだ、スペシャルな一皿。

材料 4人分（仕上がり目安800g）

牛バラ肉（ブロック）…… 600g

マリネ液

プレーンヨーグルト …… 3/4カップ（150g）

ターメリック …… 小さじ1（3g）

レッドチリパウダー …… 小さじ2（4g）

コリアンダーパウダー …… 小さじ2（6g）

酢 …… 小さじ1（5g）

塩 …… 小さじ1/2強（3g）

グレイビー（ベースのソース）

玉ねぎ（1cm角に切る）…… 300g

油 …… 大さじ3 1/3（40g）

A ┌ ブラックペッパー（ホール）…… 1粒
　　赤唐辛子（種ごと半分にちぎる）…… 1/2本
　　シナモンスティック …… 1cm（1g）
　　クローブ …… 1個
　　カルダモン …… 1個
　└ クミンシード …… 小さじ1/2（1g）

にんにく（みじん切り）…… 小さじ1（2g）

しょうが（みじん切り）…… 小さじ1（2g）

青唐辛子（みじん切り）…… 2本（2g）

トマト缶（つぶす）…… 40g

B ┌ ターメリック …… 小さじ1（3g）
　　レッドチリパウダー …… 小さじ2（4g）
　└ コリアンダーパウダー …… 小さじ2（6g）

塩 …… 小さじ2（10g）

赤ワイン …… 大さじ2（30g）

しょうゆ …… 小さじ1/2（3g）

作り方

牛肉をマリネする

❶ 牛肉は40〜50g大に切り分ける。鍋に湯を沸かして牛肉を入れ、表面が白くなるまでさっと火に通す。ボウルにとり出して流水で冷やし、ザルに上げて水気をきる。

❷ マリネ液の材料を混ぜ、❶の牛肉を入れてなじませ（**a**）、冷蔵庫に1時間以上おく。

グレイビーを作る

❸ 中華鍋に油を中火で熱し、**A**のホールスパイスのクミンシード以外を入れ、香りが立ってきたら弱火にして、にんにく、しょうが、青唐辛子を加え、続けてクミンシードも加え、香りが立ち、焦げる直前まで炒めて油に香りを移す。

❹ 玉ねぎを加えて強火で炒め、油となじんだら鍋に広げ、あまり動かさずに火を通す。玉ねぎのまわりが色づいてきたら混ぜ、中火であめ色になるまで炒める。

❺ トマト缶を加え、さらにつぶしながら炒める。火を止めて、**B**のパウダースパイスを加え、弱火にかけて混ぜてよくなじませる。水600mlを少しずつ加え、塩を加えて15分ほど煮る。

マリネした牛肉を加えて煮る

❻ ❷の牛肉をマリネ液ごと加え（**b**）、赤ワイン、しょうゆも加え、ふたをして弱めの中火で1時間30分ほど煮る。味をみて、水分量と塩加減を調える。

※圧力鍋を使う場合は、低圧で30分加熱する。火を止めて、圧力が抜けるまでそのままおく。完全に抜けたらふたをとり、弱めの中火で10分ほど煮る。

ヨーグルトに3種のパウダースパイス、酢、塩を混ぜたマリネ液に、牛肉を入れて下味をつける。

先に牛肉をマリネしておき、マリネ液ごとグレイビーに加え、じっくりと煮る。

クリーミーで濃厚な旨みがクセになる

えびカレー

えびの風味たっぷりのグレイビーで、プリプリの食感のブラックタイガーを味わうごちそうカレー。
えびの殻を焼きつけてだしをとり、旨みを余さずに活かします。

材料　4人分（仕上がり目安800g）

ブラックタイガー（殻つき）…… 16尾（300g）

A
- 水 …… 80mℓ
- 塩 …… 小さじ1（5g）
- 酢 …… 大さじ1（15g）
- ターメリック …… 小さじ1/3（1g）

えびの頭（あれば・だし用）…… 100g

油 …… 大さじ1弱（10g）

フェンネルシード …… 小さじ1（2g）

グレイビー（ベースのソース）

- 玉ねぎ（1cm角に切る）…… 250g
- 油 …… 大さじ4強（50g）
- マスタードシード …… 小さじ1（3g）
- フェンネルシード …… 小さじ1（2g）
- 青唐辛子（小口切り）…… 3本（3g）
- しょうが（みじん切り）…… 大さじ1（6g）
- フェヌグリークシード …… 小さじ1/2（2g）
- カレーリーフ …… 一つかみ（2g）
- トマト缶（つぶす）…… 1/4缶（100g）
- プレーンヨーグルト …… 1/2カップ（100g）
- ミックススパイス（P7）
  …… 大さじ2 1/2（15g）
- 塩 …… 小さじ2弱（9g）
- ココナッツミルク …… 1カップ（200g）
- レモン汁 …… 大さじ1（15g）

作り方

えびの下準備

❶ えびは殻と尾を除く（殻と尾はとりおく）。背に切り込みを入れて軽く開き、背ワタを除く。

❷ Aの材料を混ぜたターメリックビネガー水で❶のえびを洗い、ザルに上げて水気をきり、冷蔵庫で冷やしておく。

えびのだしをとる

❸ 鍋に油を弱めの中火で熱し、フェンネルシードを入れ、香りが立ったら、❶でとりおいたえびの殻と尾、あればえびの頭を入れ、ヘラを押しつけながら焼きつける。殻の表面が赤くなり（**a**）、香ばしい香りが立ったら、水500mℓを加える。煮立ったら、弱めの中火にして煮立てないように10分ほど煮る。ザルに上げて、だしを漉す（殻と尾、頭は捨てる）。

グレイビーを作る

❹ 中華鍋に油を中火で熱し、マスタードシード、フェンネルシードを入れ、香りが立ったら、青唐辛子としょうがを加える。香りが立ったら、フェヌグリークシード、カレーリーフを順に加え、パリッと音がするまで熱し、油に香りを移す。

❺ 玉ねぎを加えて炒め、油となじんだら、鍋に広げてあまり動かさずに火を通す。玉ねぎのまわりが色づいてきたら混ぜ、全体に色づくまでよく炒める。

❻ トマト缶を加えてさらにつぶしながら炒め、ヨーグルトを加えてなじませる。ミックススパイス、塩を加え、スパイスがなじんだら、❸のえびのだしを加える（**b**）。ココナッツミルク、レモン汁を加え、ひと煮立ちしたらふたをして弱火で5分ほど煮る。

えびを加えて仕上げる

❼ ❷のえびを加え、軽く煮て火を通す（煮込みすぎないこと）。好みで刻んだパクチーをトッピングする。

えびの殻とえびの頭を香ばしく焼きつけて、旨みのあるだしをとる。

えびのだしを加えて、濃厚なグレイビーに仕上げる。

あさりのだしを加えて、旨みをアップ

フィッシュカレー

魚の旨みと風味を油に移し、ココナッツミルク入りのグレイビーと合わせます。
ぶりをターメリックと酢を混ぜたマリネ液につけておくのがポイント。

材料 4人分（仕上がり目安800g）

ぶりの切り身（または、さば、めかじき、生鮭など）
　　…… 2 〜 3切れ（300g）

マリネ液
　塩 …… 一つまみ（1g）
　酢 …… 大さじ1（15g）
　ターメリック …… 小さじ1/2（1.5g）
あさりのむき身（冷凍可）…… 50g

グレイビー（ベースのソース）
　油 …… 大さじ3 1/3（40g）
　マスタードシード …… 小さじ1（3g）
　青唐辛子（小口切り）…… 3本（3g）
　しょうが（みじん切り）…… 大さじ1（6g）
　パクチーの根（みじん切り）…… 1株（2g）
　カレーリーフ …… 一つかみ（2g）
　紫玉ねぎ（薄切り）…… 小1個（150g）
　トマト（ざく切り）…… 1個（150g）
　ミックススパイス（P7）…… 大さじ2（12g）
　塩 …… 小さじ1（5g）
　ココナッツミルク …… 3/4カップ（150g）

テンパリング
　油 …… 大さじ3 1/3（40g）
　マスタードシード …… 小さじ1（3g）
　カレーリーフ …… 一つかみ（2g）
レモン汁 …… 小さじ1（5g）
パクチー（ざく切り）…… 7g

作り方

魚をマリネする

1 ぶりは食べやすい大きさに切る。マリネ液の材料を混ぜ合わせ、ぶりを入れてもみ込み、冷蔵庫に30分以上おく。

あさりのだしをとる

2 鍋に300㎖の湯を沸かし、あさりを入れて5分ほどゆでる。ザルに上げて漉し、だし250㎖とむき身に分ける（**a**）。だしが足りないときは水を足す。あさりの身はみじん切りにする。

グレイビーを作る

3 中華鍋に油を弱火で熱し、マスタードシードを入れ、はじけて香りが立ってきたら、青唐辛子、しょうが、パクチーの根を順に加える。香りが立ってきたら、カレーリーフを加え、パリッと音がするまで熱して油に香りを移す。

4 紫玉ねぎ、**2**のあさりの身を加え、中火で炒める。玉ねぎに油がなじんだら、鍋に広げてあまり動かさずに火を通し、玉ねぎのまわりが色づいてきたら混ぜて炒める。

5 トマトを加え、つぶしながらなじませるように炒め、トマトの皮がむけてきたら火を止める。ミックススパイスと塩を加えてなじませる。再び中火にかけ、ココナッツミルク、**2**のあさりのだしを加える。煮立ったらふたをして弱火で10分ほど煮る。

テンパリングした魚を加える

6 フライパンに油を弱火で熱し、マスタードシードを入れ、はじけて香りが立ってきたらカレーリーフを加え、パリッと音がしたら火を止める。**1**のぶりの汁気をきって身側を下にして入れ、弱火にして鍋を軽く揺するようにしてあまり動かさずに両面に焼き色をつける。

7 **5**の鍋に加え（**b**）、煮立ったら弱火にして10分ほど煮る。仕上げにレモン汁、パクチーを加えて混ぜる。好みで、刻んだパクチーをトッピングし、ガラムマサラをふる。

あさりのむき身をゆでて、漉し、だしとむき身に分けておく。

ぶりはスパイスの香りを移した油で両面を焼き、グレイビーに加える。

香ばしく炒めた鶏肉を味わう王道のカレー

チキンカレー

玉ねぎとトマトがベースのグレイビーに、鶏肉の皮を炒めた脂もプラスして
スパイシーでコクのある味に仕上げます。

材料 4人分（仕上がり目安800g）

鶏もも肉（皮つき）····· 大1枚（300g）

にんにく（みじん切り）····· 小さじ1/2（1g）

しょうが（みじん切り）····· 小さじ1/2（1g）

カスリメティ ····· 大さじ1（1g）

グレイビー（ベースのソース）

玉ねぎ（1cm角に切る）····· 1 1/2個（300g）

油 ····· 大さじ3 1/3（40g）

赤唐辛子（種ごと半分にちぎる）····· 1本

ブラックペッパー（パウダー）····· 小さじ1/2（1g）

にんにく（みじん切り）····· 小さじ1（2g）

しょうが（みじん切り）····· 小さじ1（2g）

クミンシード ····· 小さじ1（2g）

トマト缶（つぶす）····· 50g

ミックススパイス（P7）····· 大さじ2（12g）

塩 ····· 小さじ1（5g）

作り方

鶏肉を炒める

❶ 鶏肉は皮をはずし（皮はとりおく）、25g大に切る。

❷ フライパンを強火で熱し、❶でとりおいた鶏皮を入れ、香ばしい焼き色がついて脂が出てくるまで両面を炒める。とり出して、粗熱がとれたら、みじん切りにする。

❸ フライパンに残った脂を熱し、にんにくとしょうがを入れて炒め、香りが立ったら❶の鶏肉、❷の鶏皮を加え、あまり動かさずに焼きつけるように炒める。焼き色がついてきたら、カスリメティを加えて3分ほど炒める（**a**）。

グレイビーを作る

❹ 中華鍋に油を中火で熱し、赤唐辛子、ブラックペッパーを入れ、香りが立ってきたら、にんにく、しょうがを加え、まわりが色づいてくるまで香りを充分に移す。クミンシードを加え、焦がさないように油に香りを移す。

❺ すぐに玉ねぎを加え、強火にして炒める。玉ねぎがよくなじんだら、鍋に広げ、あまり動かさずに火を通す。玉ねぎのまわりが色づいてきたら混ぜ、強めの中火にしてさらに炒める。

❻ 全体に色づいたら、トマト缶を加え、さらにつぶしながら炒める。トマトがなじんで油がにじんできたら、弱火にしてミックススパイスと塩を加えて炒め、なじませる。

鶏肉と合わせて煮る

❼ ❸の鶏肉を脂ごと❻の鍋に加え、なじませる。水600㎖を加えて（**b**）強火にし、煮立ったらふたをして弱火で10分煮る。味をみて、水分量と塩加減を調える。

スパイスの香りを移した油で、鶏肉を焼きつけるように炒めて香ばしさをプラスする。

炒めた玉ねぎと鶏肉を合わせ、スパイスや脂をよくなじませてから、水を加えて煮る。

チキンエッグカレー

ゆで卵にグレイビーをからめて食べれば2度おいしい！

ヨーグルト入りの玉ねぎペーストを加えた、
スパイシーでなめらかなグレイビーとゆで卵を合わせるチキンカレー。

材料　4人分（仕上がり目安800g）

鶏もも肉 ····· 大1枚 (300g)
ゆで卵 ····· 4個

玉ねぎペースト
玉ねぎ ····· 1個 (200g)
油 ····· 大さじ1 1/3 (16g)
マスタードシード ····· 小さじ1 (3g)
シナモンスティック ····· 1cm (1g)
フェヌグリークシード ····· 小さじ1/4 (1g)
プレーンヨーグルト ····· 1/4カップ (50g)

グレイビー（ベースのソース）
油 ····· 大さじ1 1/3 (16g)
赤唐辛子 (種ごと半分にちぎる) ····· 1本
クローブ ····· 1個
カルダモン ····· 1個
にんにく (みじん切り) ····· 小さじ1 (2g)
しょうが (みじん切り) ····· 小さじ1 (2g)
クミンシード ····· 小さじ1 (2g)
青唐辛子 (小口切り) ····· 2本 (2g)
トマト缶 (またはミニトマト) ····· 50g
ミックススパイス (P7) ····· 大さじ2 (12g)
ココナッツミルク ····· 1/4カップ (50g)
塩 ····· 小さじ1弱 (4g)
カスリメティ ····· 大さじ1 (1g)

作り方

下準備

1 鶏肉は一口大に切る。玉ねぎは縦5mm幅に切る。

玉ねぎペーストを作る

2 中華鍋に油を中火で熱し、マスタードシード、シナモンスティック、フェヌグリークシードを入れ、香りが立ったら、玉ねぎを加えて色よく炒める。ヨーグルトを加えて（**a**）混ぜ、火を止める。粗熱がとれたら、フードプロセッサーにかけてペースト状にする。

グレイビーを作る

3 中華鍋に油を中火で熱し、赤唐辛子、クローブ、カルダモンを加え、香りが立ったら、にんにく、しょうがを加える。色づいて香りが立ったら、クミンシード、青唐辛子を加え、油に香りを移す。トマト缶を加え、つぶしながら油がなじむまで炒める。

玉ねぎペーストを加える

4 ❷の玉ねぎペーストを加えて（**b**）炒め合わせ、ミックススパイスを加えてなじませる。水500mlを3回に分けて加え、そのつど煮立てる。

鶏肉を加えて仕上げる

5 鶏肉を加えて強火にし、煮立ったらふたをして中火で15分煮る。ゆで卵を加え、弱めの中火で15分煮る。ココナッツミルク、塩を加えて混ぜ、カスリメティを加えて弱火にし、全体になじんだら火を止める。

a 色よく炒めた玉ねぎにヨーグルトを加え、これをペースト状にしてスパイシーな玉ねぎペーストを作る。

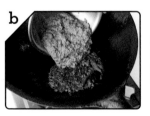

b 玉ねぎペーストを加えて、トマトの酸味と玉ねぎの旨みがなじんだグレイビーを作る。

ラム特有の旨みをスパイスが引き立てる

ラムグリルカレー

「ラムキーマカレー」の肉を塊で食べたいというリクエストから生まれたカレー。
赤ワインやしょうゆを隠し味に加えて、ラム肉の個性を活かします。

材料 4人分（仕上がり目安800g）

ラム肉（ブロック。P95）…… 400g

塩 …… 小さじ1/2弱（2g）

ブラックペッパー（パウダー）…… 小さじ1/2（1g）

油 …… 大さじ1 2/3（20g）

赤唐辛子（種ごと半分にちぎる）…… 1本

にんにく（みじん切り）…… 小さじ1（2g）

赤ワイン …… 大さじ1（15g）

しょうゆ …… 小さじ1 2/3（10g）

酢 …… 小さじ1/2強（3g）

グレイビー（ベースのソース）

　油 …… 大さじ2 1/2（30g）

　ブラックペッパー（ホール）…… 5粒

　青唐辛子（小口切り）…… 2本（2g）

　にんにく（みじん切り）…… 小さじ1（2g）

　クミンシード …… 小さじ1（2g）

　玉ねぎ（1cm角に切る）…… 大1個（250g）

　トマト缶（つぶす）…… 30g

　ターメリック …… 小さじ1（3g）

　コリアンダーパウダー …… 小さじ1（3g）

　塩 …… 小さじ1（5g）

トッピング

紫玉ねぎ、パクチー …… 各適量

作り方

ラム肉の下準備

① ラム肉は食べやすい大きさに切る。塩、ブラックペッパーをふり、10分以上おく。

② フライパンに油を中火で熱し、赤唐辛子、にんにくを入れ、赤唐辛子が少し黒くなり、にんにくの香りが立ったら、ラム肉を加えて焼く。焼き色がつくまで動かさずに焼き、焼き色がついたら返す。両面にほどよい焼き色がついたら、赤ワイン（**a**）、しょうゆ、酢を加えて炒め、脂が浮いてきたら火を止める。

グレイビーを作る

③ 中華鍋に油を中火で熱し、ブラックペッパーを入れて香りが立ったら、青唐辛子、にんにくを加える。にんにくが色づいてきたら、クミンシードを加え、油に香りを移す。

④ 玉ねぎを加えて炒め、油がなじんだら、玉ねぎを広げてあまり動かさずに火を通し、玉ねぎのまわりが色づいてきたらヘラでつぶしながら炒め、油がなじんであめ色になるまで炒める。

⑤ トマト缶を加えて、さらにつぶしながら炒めてなじませる。いったん火を止めて、ターメリック、コリアンダーパウダー、塩を加えてなじませる。火をつけて水600mlを少しずつ加えて煮立て、ふたをして弱火で15分ほど煮る。

ラム肉を加えて仕上げる

⑥ ②のラム肉を脂ごと加え（**b**）、煮立ってから15分煮る。味をみて、水分量と塩加減を調える。好みでクスクス（P87）を添えて盛り、紫玉ねぎの薄切り、パクチーのざく切りをトッピングする。

a ラム肉の表面に焼き色をつけたら、赤ワイン、しょうゆ、酢で味つけする。

b スパイスやラム肉の旨みが出た脂ごと加えて、コクのあるグレイビーに仕上げる。

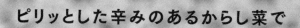

ピリッとした辛みのあるからし菜で

サグチキンカレー

"サグ" は葉もの野菜の総称。ほうれん草を使うのが一般的ですが、
春先に出まわるからし菜で作るとスパイシーに仕上がるので、手に入るときはお試しください。

材料 4人分（仕上がり目安800g）

鶏もも肉 …… 小2枚 (400g)

油 …… 大さじ2 1/2 (30g)

マスタードシード …… 小さじ2/3 (2g)

にんにく（みじん切り）…… 小さじ1 (2g)

青唐辛子（小口切り）…… 2本 (2g)

カスリメティ …… 大さじ1 (1g)

グレイビー（ベースのソース）

玉ねぎ（1cm角に切る）…… 1 1/2個 (300g)

油 …… 大さじ4強 (50g)

シナモンスティック …… 1cm (1g)

クローブ …… 1個

カルダモン …… 1個

にんにく（みじん切り）…… 小さじ1 (2g)

しょうが（みじん切り）　…… 小さじ1 (2g)

青唐辛子（小口切り）…… 2本 (2g)

トマト缶（つぶす）…… 1/4缶 (100g)

塩 …… 小さじ1 (5g)

ミックススパイス（P7）…… 大さじ2 (12g)

サグペースト

からし菜（またはほうれん草）…… 250g

重曹 …… 小さじ1/2 (2g)

塩 …… 小さじ1/2弱 (2g)

作り方

グレイビーを作る

❶ 中華鍋に油を中火で熱し、シナモンスティック、クローブ、カルダモンを入れ、香りが立ってきたら、にんにく、しょうが、青唐辛子を加え、焦がさないようにまわりが色づくまで炒め、油に香りを移す。

❷ 玉ねぎを加えて強火で炒める。油となじんだら、玉ねぎを広げてあまり動かさずに炒める。玉ねぎのまわりが色づいてきたら混ぜながら炒め、全体的に色づいてきたら、中火にしてつぶしながら炒める。焦がさないように火加減を調節しながら油がなじんでくるまで炒める。

❸ トマト缶を加え、さらにつぶしながら炒める。焦げそうなときは少し水を加える。油がなじんだら、火を止めて塩、ミックススパイスを加える。スパイスがなじんだら中火にかけ、水500mlを数回に分けて加え、15分ほど煮る。

サグペーストを作る

❹ からし菜は5cm長さに切る。鍋にたっぷりの湯を沸かして重曹と塩を加え、からし菜を入れてくったっとするまでゆでる。ザルに上げて、冷水にとって色止めし、自然に水気をきる。

❺ ミキサーにかけてなめらかなペースト状にする（**a**）。水分を多少加えてもよい。でき上がり目安は300g。

鶏肉をスパイス油で炒める

❻ 鶏肉は大きめの一口大に切る。熱湯にくぐらせて表面を洗い、冷水にとって身を引き締め、ザルに上げて水気をきる。

❼ 鍋に油を熱し、マスタードシード、にんにく、青唐辛子を入れ、にんにくが色づいて香りが立ち、マスタードシードがはじけきったら、いったん火を止める。カスリメティを加え、焦げないように油となじませる。

❽ 再び火にかけて鶏肉を加え、強火で表面に焼き色がつくまで炒める（**b**）。

グレイビーとサグペーストを加えて煮る

❾ ❽を❸のグレイビーに脂ごと加え、5分ほど煮てなじませる。❺のサグペーストを加えて（**c**）3分ほど煮る。ソースとなじんだらでき上がり。

ゆでたからし菜をミキサーでなめらかなペースト状にする。固いときは水を少し足すとよい。

マスタードシードなど、スパイスの香りを移した油で鶏肉を炒めて、風味よく仕上げる。

最後にサグペーストを加えてなじむまで煮る。煮込みすぎると色が悪くなるので注意する。

焼きなすを食べるカレー

ベイガンバルタ

"ベイガン"は、なすのこと。焼きなすとじゃがいもを使ったドライカレーです。
全粒粉のチャパティ（P84）がよく合います。

材料 4人分（仕上がり目安500g）

なす …… 3個（正味250g）

じゃがいも（メークイン）…… 正味100g

玉ねぎ（5mm角に切る）…… 1/2個（100g）

グレイビー（ベースのソース）

油 …… 大さじ3 1/3（40g）

しょうが（みじん切り）…… 2かけ（20g）

にんにく（みじん切り）…… 1かけ（10g）

青唐辛子（小口切り）…… 4本（4g）

クミンシード …… 小さじ1（2g）

コリアンダーパウダー …… 大さじ1 1/2強（14g）

ターメリック …… 小さじ1（3g）

塩 …… 小さじ1 1/2弱（7g）

トマト缶（つぶす）…… 1/4缶（100g）

しょうが（粗みじん切り）…… 2かけ（20g）

作り方

なすとじゃがいもの下準備

1 なすの表面に軽く油をぬり、斜めに4〜5本切り目を入れ、焼き網か魚焼きグリルで、皮が黒くなるまで全面を焼く（または180℃のオーブンで30分焼く）。とり出して皮をむき（**a**）、ヘタを落として1cm幅に切る。

2 じゃがいもは皮をむき、一口大（約10g）に切る。水からやわらかくなるまでゆで、ザルに上げて湯をきる。

グレイビーを作る

3 中華鍋に油を中火で熱し、しょうがとにんにくを入れ、香りが立ったら青唐辛子を加える。青唐辛子の香りが少し出てきたら、クミンシードを加えて油に香りを移す。

4 すぐに玉ねぎを加えて炒め、玉ねぎのまわりが少し色づいてきたら、いったん火を止める。コリアンダーパウダー、ターメリック、塩を加えてなじませ、弱火にかけて少し炒める。玉ねぎとスパイスがなじんだら、トマト缶を加え、弱火のままさらにつぶしながら炒める。油がなじむまで炒め、しょうがを加えてなじむまで炒める。

焼きなすとじゃがいもを合わせる

5 **1**の焼きなすを加え（**b**）、つぶしながら弱火のまま炒めてなじませる。最後に**2**のじゃがいもを加えて軽くなじませたらでき上がり。

なすは皮が黒くなるまでしっかり焼くことで、とろりとした食感になる。

焼きなすをベースのカレーに加えてよくなじませる。じゃがいもは最後に加えて歯ごたえを残す。

かきの凝縮した旨みがたまらない

オイスターカレー

生がきは丁寧に下処理し、ゆで汁を煮詰めてソースに使い、旨みを逃さずに仕上げます。
ゆずの絞り汁や皮を使うとフルーティになり、かきのおいしさが引き立ちます。

材料 4人分（仕上がり目安800g）

生がき …… 400g
塩 …… 大さじ1/2
片栗粉 …… 大さじ2
油 …… 大さじ3 1/3（40g）
マスタードシード …… 小さじ2/3（2g）
青唐辛子 …… 1本（1g）
カレーリーフ …… 一つかみ（2g）

グレイビー（ベースのソース）

玉ねぎ（1cm角に切る）…… 1個（200g）
油 …… 大さじ3 1/3（40g）
マスタードシード …… 小さじ2/3（2g）
青唐辛子（小口切り）…… 3本（3g）
しょうが（みじん切り）…… 小さじ2（4g）
フェンネルシード …… 小さじ1（2g）
カレーリーフ …… 一つかみ（2g）
トマト缶（つぶす）…… 50g
ミックススパイス（P7）…… 大さじ1（6g）
プレーンヨーグルト …… 1カップ（200g）
ココナッツミルク …… 1/4カップ（50g）
ゆずの絞り汁（またはレモン汁）…… 大さじ2（30g）
塩 …… 小さじ1（5g）

トッピング

ゆずの皮（せん切り）…… 適量

かきは片栗粉をまぶして
さっとゆで、ゆで汁は
煮詰めておく。

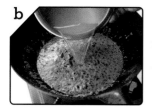

煮詰めたかきのゆで汁
を加えて、コクをプラス
する。

スパイスの香りを移した
油で炒めたかきを、油
ごとソースに加える。

作り方

かきの下準備

❶ かきをボウルに入れ、塩、片栗粉大さじ1
をふって軽くもむ。流水で洗い、水を3回
ほど替えて汚れをとる。ザルに上げて、水気をきる。
ペーパータオルで水気をふきとり、片栗粉大さじ1
をまぶす。

❷ 鍋に500mℓの湯を沸かし、❶のかきを10
秒ほどくぐらせ、ザルに上げ、水気をきる。
ゆで汁は300mℓまで煮詰めてザルで漉し（a）、ソー
スに使う。

グレイビーを作る

❸ 中華鍋に油を中火で熱し、マスタードシー
ドを入れ、はじけきる少し前に青唐辛子と
しょうがを加える。香りが立ったら、フェンネルシー
ドを加える。香りが立ったら、カレーリーフを加え
て油に香りを移す。

❹ すぐに玉ねぎを加え、軽く混ぜながら全体
が色づくまで炒める。

❺ トマト缶を加え、さらにつぶしながらなじむ
まで炒める。ミックススパイスを加えて炒め、
なじんだらヨーグルトを加えてなめらかになるまで
混ぜる。

❻ ココナッツミルクと❷のかきのゆで汁を加え
（b）、煮立ったら弱めの中火にして5分ほ
ど煮る。仕上げにゆずの絞り汁、塩を加えて味を
調える。

かきをスパイス油で炒めて加える

❼ フライパンに油を強火で熱し、マスタード
シードを入れ、はじけきる少し前に青唐辛
子を加える。香りが立ったら、カレーリーフを加え
て、香りを油に移す。

❽ すぐに❷のかきを加え、焼き色をつけるよう
に、あまり触らずに炒め、香ばしい香りが
立ったら、❻に加える（c）。ソースになじんで煮
立ったら、弱火にして1分ほど煮る。器に盛り、
ゆずの皮をトッピングする。

「negombo 33」が
できるまで

「カレー屋」の知り合いを見渡すと、自分らしく生きていこうとしたらカレー屋になっていた、という人が多い気がします。自分もそういう感じかもしれません。「サラリーマン」でも「教師」でも、「スポーツ選手」でもよい。それぞれが自分らしく生きるための職業選択……。自分は「カレー屋」にたどり着いて幸運でした。

　ありがたいことにお客さんをはじめ多くの方に助けていただき、カレー屋を続けられています。そして今はこんなサイクルで生活できているのかなと思います。
「得意でやりたいことだけやる。苦手なことはムリしてやらない」
≒「時間を自分のために使う」
→「その経験を蓄積する」→「その経験を伝えていく（世の中に貢献する）」
　カレー屋になる前はなかなか実現できなかったことで、ありがたいことです。最近特に「今までの経験を世の中に伝えて何か役に立てれば」と考えるようになりました。まだまだ実現はできていないのですが、この本も多くの人に喜んでいただければうれしいです。

🐱 カレーとの出合い

　食いしん坊で、小学生のころから親の手伝いをしつつ、ルウのカレーを作っていました。インドカレーに出合ったのは、地元の府中にあったガネーシャ（現在閉店）という店。ルウのカレーとまったく違い、未知の世界の入り口を感じました。大学生のとき、運よくキッチンのアルバイトに潜り込み、インドカレーを初めて作ると、スパイスを混ぜて作っていく実験のようなカレーに惹き込まれました。
　カレーの食べ歩きをはじめたのはそのころから。国立の香鈴亭（現在閉店）とい

う素材を活かしつつスパイス感ゴリゴリのカレー店が特に好きで、店主の北川さんに何度か親切に会話していただいたこともよい思い出。今でも心の中の憧れのカレー店です。

　自転車で旅をして、京都にも何度か行きました。京大吉田寮に泊まりながら、ビィヤント、屯風、進々堂京大北門前、六曜社地下店（カレー屋だけではありませんが）などを回る日々。どれも印象深く、今の自分の店とつながるものがあると思っています。

🐱 スパイスを学び、一念発起

　大学卒業後、サラリーマンは10年ほど、4社（乳業、IT系、水産会社、食品会社）を転々としました。4年間働いた水産会社では、イカの買いつけを担当。インドや東南アジアから甲イカなどを輸入し、全国の水産加工会社に販売する仕事で、この経験は今の仕事に活きています。鮮度抜群の活イカを「塩辛」「イカ刺」として、ネゴンボの初期に提供できたことも、そのおかげです。2004年のスマトラ島沖地震時は、出張で南インドのケララ州にいたのですが、飛行機が飛ばず、新年を現地で迎えました。海沿いから内陸へ、インド人のスクーターの後ろに乗って何とか避難したときに、営業に苦労していたお客さんから国際電話があり「無事だったか。お祝いにお前から買ってやるよ」とビッグビジネスが成立したのも幸運な出来事でした。他の会社も振り返るとすべてよい経験で、当時嫌だったことも今は笑い話。無駄だったと思うことは一切ありません。ただ、ふだんの営業の仕事では、ランチにカレーを食べて、喫茶店でコーヒーを飲んで、仕事帰りに銭湯をめぐる呑気なサラリーマンでした。気楽だけど、どこか不完全燃焼。

　好きなカレーを仕事にしたら自由になれるかも、と思っていたところ、スパイスの学校があることを知り、通うことに。そこで初めて作ったカレーを食べたときに「これはいけるぞ」と勘違いをして、会社を辞めてしまいました。今思えば勘違いしてよかった。勢いは大事。喫茶店や銭湯経営も考えましたが、カレー屋が一番早く実現できました。のちにコーヒーは家族の助けを得て、「山田珈琲豆焙煎所」を隣にオープン。家族には大感謝です。残るは銭湯。これは「やるなら1人でやってよ」と言われています（笑）。

negombo33の店名の由来

　店名の「ネゴンボ」は20年ほど前に所沢で1人暮らしをしていたときに飼っていた2匹の兄弟猫「ネゴンボ」と「コロンボ」の「ネゴンボ」から取りました。「33」は大好きな音楽のレコードの回転数の遅いほうから取りました。ゆっくりマイペースに店をやっていこうという意図があります。

　水産会社にいたときに、友人から子猫を2匹譲り受けることが決まっていました。その頃出張でスリランカの西海岸にある港町、ネゴンボ（negombo）に泊まったと

きに、辛いカレーを食べながら「なじみのない不思議な地名だけど、面白い響きだな。おっ。これを猫の名前にしよう」と思いたち、1匹は「ネゴンボ」と決め、もう1匹は兄弟だから、「コロンボ」（スリランカの都市）と名付けました。かといって店ではスリランカ料理をやっているわけではないのですが。以前、スリランカの方が間違って来られて、謝ったことがあります。

ネゴンボ流ラムキーマカレーの誕生

　所沢の物件を偶然見つけて店をオープンするも、お客さんはほとんど来ず「時間だけはある」という学生のような毎日。しかし初期費用が少なく済んで開業資金も残っていたので、危機感もなく過ごしていました。ただ、引き続きスパイスの学校は通って試行錯誤していました。

　開店して数か月たったころに「ラムキーマカレー」が誕生。風向きが変わりました。オリジナルのキーマカレーを作ろうと、鶏、豚、牛などで試作するものの、なかなか「これだ！」というものができずにいたとき、東久留米卸売市場の肉屋さんで、生のラム肉を見つけたのです。

　キーマカレーはほとんどが肉なので高価な肉は扱いにくいのですが、ラムの腕肉（ショルダー）が比較的安価だったので試してみました。粗びきにしてもらい、試作したところ、ラム肉からあふれる脂がほかの素材とうまくなじみ、ほかの肉のキーマとは別次元の仕上がりに！　感動するほどおいしいキーマカレーができました。

　この感動をお客さんにも味わってほしいとお店で出しはじめたら、すぐに店の看板メニューになりました。ラム肉のおいしさを際立たせる花椒も、試しに入れてみたら相性がよく、よい発見に。面白い素材が見つかると、魅力的な商品ができることを経験し、日々素材探しを意識して、商品開発につなげるようにしています。

　このネゴンボ流「ラムキーマカレー」がなければ、おそらく店は続いていなかったでしょう。

　ふりかえれば忙しくなく、たくさんの時間があった最初の2年くらいでネゴンボカレーの礎ができたように思います。

　今では地元だけでなく、遠くからもカレー好きのお客さんに来ていただけるようになりました。オープンから10年後の2019年には「ラムキーマカレー」のレトルトカレーも発売され、多くの方にネゴンボのカレーを味わっていただけるようになりました。開店してからもマイペースでカレーと向き合えることができて幸運でした、これからはカレーとコーヒーで重ねてきた経験を、料理教室や本などで少しでもお伝えしていければと思います。

スパイスカレーに合う
副 菜

Chapter

3

カレーに添える付け合わせや副菜は、箸休めとしてだけでなく、
カレーのおいしさをさらに引き出す効果があります。
日々のおかずやおつまみとしても活用できるので、ぜひお試しください。

ナンプラーセロリ

**セロリをシンプルに味わうサラダ。
ポン酢とナンプラーを合わせ、レモンの酸味を利かせます。**

材料 3〜4人分

セロリ …… 1本
ポン酢* …… 大さじ2/3
ナンプラー …… 大さじ1
レモン汁 …… 大さじ1
赤唐辛子 (小口切り) …… 少々

作り方

❶ セロリは1.5cm幅に切り、ポン酢、ナンプラー、レモン汁を加えてなじませる。食べるときに、赤唐辛子を散らす。

*ポン酢は、かつおだし、しょうゆ、柑橘の絞り汁を1：1：1の割合で混ぜたものを使用。市販品も可。

※保存袋などに入れ、冷蔵庫で3日ほど保存が可能。

スパイスたたききゅうり

**きゅうりはたたいて味をしみ込みやすくします。
コリアンダーシードで香りを、ナンプラーで旨みをプラス。**

材料 3〜4人分

きゅうり …… 2本
にんにく (みじん切り) …… 小さじ1
油 …… 大さじ1/2
コリアンダーシード …… 小さじ2
レモン汁 …… 小さじ2
ナンプラー …… 小さじ2
塩 …… 小さじ1/2
甜菜糖 …… 小さじ2/3

作り方

❶ きゅうりはたたき、5〜6cm長さに切る。

❷ フライパンに油を中火で熱し、にんにくを入れ、色づいて香りが立ったら、コリアンダーシードを加える。香りが立ったら、火を止め、そのまま少し冷ます。レモン汁、ナンプラー、塩、甜菜糖を加えて混ぜ、❶のきゅうりを加えてあえる。

※保存袋などに入れ、冷蔵庫で2日ほど保存が可能。

トマトの
はちみつあえ

はちみつの甘みと酢の酸味で、
トマトがフルーツのようにおいしく味わえます。

材料 3〜4人分

トマト …… 2個
はちみつ …… 大さじ1
酢 …… 大さじ1

作り方

1 トマトは一口大に切る。

2 はちみつと酢を混ぜ、トマトを加えてあえる。
冷蔵庫で10分以上冷やし、トマトの水分
が出てなじんできたころが、食べごろ。

うずら卵の
バルサミコ酢あえ

バルサミコ酢とオリーブ油に漬ける、うずらの卵のピクルス。
保存が利くので、多めに作っておくと便利です。

材料 作りやすい分量

うずらの卵の水煮 …… 20個
バルサミコ酢 …… 大さじ2
オリーブ油 …… 大さじ2

作り方

1 保存袋にバルサミコ酢とオリーブ油、うず
らの卵の水煮を入れて袋の上からもんでな
じませる。平らにして冷蔵保存し、翌日からおいし
く食べられる。

※冷蔵庫で、うずらの卵の賞味期限まで保存が
可能。

青菜の塩もみ

塩だけのシンプルな味つけで、漬けもの感覚で味わえる。
冬なら、ゆずの皮をトッピングしてもおいしい！

材料 3〜4人分

青菜（からし菜、小松菜など）
　 …… 100g
塩（青菜の重量の2%）…… 小さじ1/2弱（2g）
みょうが …… 適量

作り方

1 青菜は水で洗い、水気をきる。3cm長さに切り、塩をふって全体を軽くもみ、ザルに上げて30分ほどおく。

2 ジッパーつきの保存袋に入れ、冷蔵庫に1晩おく。

3 出てきた水分を軽くきり、そのまま保存袋で保存する。食べるときに、刻んだみょうがをのせる。

※冷蔵庫で1週間ほど保存が可能。

パパド

子どもから大人まで人気の豆が原料のスナック。素揚げがおすすめ。
電子レンジで簡単に作ることもできます。

材料　3〜4人分

パパド（下記参照）…… 3〜4枚
油 …… 大さじ 2〜3

Pick up

パパド

おすすめは、ウラドダルが原料のリ
ジャッド社のプレーンパパド。手で
砕いて、カレーのほか、スープや
サラダにトッピングしてもよい。

作り方

1 小さいフライパンに油を弱火で熱し、パパ
ドを1枚入れ、表面全体がプツプツとした
状態になったら、トングで裏返す（**a**）。

2 同様にプツプツしてきたら、とり出し、キッ
チンペーパーの上に立てて油をきる。

電子レンジの場合

耐熱皿にのせ、ラップをせずに、電子レンジ
（600W）で1分〜1分30秒加熱する。

ヒタヒタぐらいの油
で揚げ焼きにする。
丸まらないように、
トングで押さえると
よい。

ソイライタ

乳製品を使わない、豆乳で作るヨーグルトサラダ。
カレーの辛みを中和させてくれる効果もあります。

材料 3〜4人分

絹ごし豆腐 …… 小1丁 (100g)
豆乳（成分無調整）…… 1/4カップ
レモン汁 …… 大さじ1
塩 …… 小さじ1/2弱

トッピング

| きゅうり（みじん切り）…… 適量
| レッドチリパウダー …… 少々

作り方

1 豆腐はザルで漉してなめらかにする。

2 ボウルにすべての材料を入れて混ぜ合わせる。

3 器に盛り、きゅうりとレッドチリパウダーをトッピングする。

インドオムレツ

多めの油でカリッと香ばしく焼き上げるインド風オムレツ。
青唐辛子やマスタードシードのスパイス感もあり、おつまみにもおすすめ。

材料 1人分

卵 …… 1個
玉ねぎ (みじん切り) …… 15g
青唐辛子 (小口切り) …… 1本
塩 …… 一つまみ (1g)
赤唐辛子 …… 1本
マスタードシード …… 小さじ1/3 (1g)
油 …… 大さじ1弱

作り方

❶ ボウルに卵を溶き、玉ねぎ、青唐辛子、塩を混ぜる。

❷ フライパンに油を強火で熱し、赤唐辛子、マスタードシードを入れる。マスタードシードがすべてはじけたら、赤唐辛子をとり出す。❶の卵液を流し入れ、両面を焼き色がつくまでカリッと香ばしく焼き上げる。

コリアンダーシード風味の
サラダ

コリアンダーシードが効いた根菜入りのドレッシングであえるサラダ。
季節の野菜や果物を使って、いろいろなアレンジが楽しめます。

材料 3〜4人分

ルッコラ（または、パクチー、春菊、水菜）…… 100g
いちご（または柿など季節の野菜）…… 適量
さつまいも（または、れんこん、ごぼう）…… 100g
油 …… 大さじ1 2/3
にんにく（みじん切り）…… 小さじ1
コリアンダーシード …… 大さじ1/2（3g）

┌ レモン汁 …… 大さじ1
│ 塩 …… 小さじ1/2弱
│ 甜菜糖 …… 小さじ1
└ ナンプラー …… 大さじ1/2

作り方

❶ さつまいもは3〜4mm厚さの半月切りにする。

❷ 小さめのフライパンに油を中火で熱し、にんにくを入れ、香りが立ったら、さつまいもを加えて火が通るまで焼く。

❸ コリアンダーシードを加え、焦がさないように注意して油に香りを移す。さつまいもに完全に火が通る前に火を止め、ふたをして5分ほど蒸らす。ふたをとり、粗熱がとれるまでそのままおく。

❹ 大きいボウルにレモン汁、塩、甜菜糖、ナンプラーを入れてよく混ぜ、❸を加えて混ぜる。

❺ 3〜4cm長さに切ったルッコラ、一口大に切ったいちごを❹に加えてあえる。

ひよこ豆と
クスクスのサラダ

アンチョビーの塩気、青唐辛子の辛味、レモン汁の酸味が味のアクセント。
クスクスやひよこ豆、野菜の食感の違いも楽しめます。

材料　3〜4人分

ひよこ豆*（ゆでたもの）…… 200g

クスクス（P87参照）…… 20g

紫玉ねぎ …… 1/4個（50g）

きゅうり …… 1本

青唐辛子（小口切り）…… 1本

アンチョビーペースト …… 3g

レモン汁 …… 小さじ1/2弱

塩 …… 小さじ1/2弱

ブラックペッパー（粗びき）…… 少々

油 …… 大さじ1 2/3

作り方

1 小さめのボウルにクスクスを入れて熱湯25mℓを注ぎ、ぴったりラップをして10分ほど蒸らす。やわらかくもどったら、よく混ぜる。

2 紫玉ねぎ、きゅうりはみじん切りにする。

3 別のボウルに**1**と**2**を入れ、残りの材料をすべて加えて混ぜ合わせる。

＊乾燥のひよこ豆を使う場合は、鍋にひよこ豆100gとたっぷりの水を入れて12時間以上つけてもどす。水をとり替えて強火にかけ、ふつふつとしてきたらふたをして弱めの中火で20分ほど煮る。ゆで汁はそれだけでも味わい深いので、料理に水を加えるときに活用するのがおすすめ（冷凍保存も可）。

かぼちゃのスパイス炒め

かぼちゃの自然の甘みとスパイスの香りを楽しむ炒めもの。
最後は蒸らして余熱で火を通して、甘みを引き出します。

材料 3～4人分

かぼちゃ …… 200g

A ┌ **マスタードシード** …… 小さじ1 (3g)
　├ **フェンネルシード** …… 小さじ1 (2g)
　└ **クミンシード** …… 小さじ1 (2g)

油 …… 大さじ1 2/3

ヒング …… 少々

にんにく（みじん切り）…… 小さじ1 (2g)

ミックススパイス（P7）…… 小さじ2 (4g)

塩 …… 小さじ1/2

作り方

1 かぼちゃは皮ごと3～4mm厚さの食べやすい大きさに切る。**A**のスパイスは混ぜておく。

2 フライパンに油を弱めの中火で熱し、ヒング、にんにくの順に入れ、にんにくの香りが立ったら、**A**を加え、マスタードシードがはじけるまで香りを立たせる。すべてがはじけきる少し前に、かぼちゃを加えて中火で炒める。

3 ミックススパイスと塩を加えて炒め、なじんだらふたをして火を止め、5分ほど蒸らす。

なすとゴーヤのスパイス炒め

ゴーヤは塩をふって余分な水分を引き出し、なすを炒めたあとに加えて軽く炒めて。
最後に酢を加えて、さっぱりとした味に仕上げます。

材料 3〜4人分

なす …… 2〜3本（200g）

| ゴーヤ …… 1/2本（100g）
| 塩 …… 一つまみ（1g）

油 …… 大さじ3 1/3

赤唐辛子（種ごと半分にちぎる）…… 1本

マスタードシード …… 小さじ1（3g）

にんにく（みじん切り）…… 小さじ2（4g）

しょうが（みじん切り）…… 小さじ2（4g）

ヒング …… 少々（0.5g）

ターメリック …… 小さじ1（3g）

レッドチリパウダー …… 小さじ1/3（1g）

塩 …… 小さじ1/2

酢 …… 大さじ1 1/3

作り方

1 ゴーヤは縦半分に切って種とワタを除き、5mm幅に切り、塩をまぶす。なすはヘタを切り落とし、一口大に切る。

2 フライパンに油を中火で熱し、赤唐辛子、マスタードシードを入れ、マスタードシードがはじけ終わるころに、にんにく、しょうが、ヒングを加える。にんにくとしょうがの香りが立って色づいたら、なすを加えて炒める。

3 なすに火が通ったら、ターメリック、レッドチリパウダー、塩を加えて炒め、なじませる。

4 ❶のゴーヤを加えて炒め、油となじんだら、酢を加え、水分が飛ぶまで炒める。

かぼちゃとにんじんの ニゲラ炒め

「ブラッククミン」とも呼ばれるニゲラ。甘みのある野菜と、苦みのあるニゲラがほどよくマッチした炒めもの。

材料　3〜4人分

かぼちゃ ⋯⋯ 200g
にんじん ⋯⋯ 1本 (100g)
油 ⋯⋯ 大さじ1 2/3
ニゲラ (下記参照) ⋯⋯ 小さじ2
酢 ⋯⋯ 大さじ1
塩 ⋯⋯ 小さじ1/2

作り方

1 かぼちゃは皮をつけたまま5mm厚さの一口大に切る。にんじんは2〜3mm厚さ、1cm幅に切る。

2 フライパンに油を中火で熱し、ニゲラを入れる。香りが立ったら、かぼちゃとにんじんを加えて炒める。火が通る少し手前で酢と塩を加えて炒め合わせ、野菜に火を通す。

Pick up

ニゲラ

昔から「死以外のあらゆる病を治癒する」と言い伝えられているほど、薬効があるとされてきたスパイス。ほろ苦さが特徴で、「ブラッククミン」とも呼ばれるが、クミンとは別種。

焼きなすと豆腐のサラダ

とろりとした食感は、焼きなすならではのおいしさ。
みょうがや青じそ入りの薬味ソースでさっぱりと味わいます。

材料　3〜4人分

なす ⋯⋯ 2〜3本 (200g)
豆腐 ⋯⋯ 1/2丁 (150g)
《薬味ソース》
　ミニトマト ⋯⋯ 3〜4個 (50g)
　きゅうり ⋯⋯ 1/2本
　みょうが ⋯⋯ 2本
　青唐辛子 ⋯⋯ 1本
　青じそ ⋯⋯ 6枚
　しょうゆ ⋯⋯ 大さじ2/3
　塩 ⋯⋯ 一つまみ (1g)
　油 ⋯⋯ 小さじ1弱

作り方

1 焼きなすを作る。なすは、180℃に予熱したオーブンで30分焼く。皮をむいて冷やし、食べやすい大きさに切る。

2 薬味ソースを作る。ミニトマトは乱切りにする。きゅうり、みょうが、青唐辛子は粗みじん切りにする。青じそは手でちぎる。すべてをボウルに入れ、しょうゆ、塩、油を加えて混ぜ合わせる。

3 器に厚みを半分に切った豆腐を盛り、**1**の焼きなすをのせ、**2**の薬味ソースをかける。

アルゴビ

ヒンディー語で「アル」はじゃがいも、「ゴビ」はカリフラワーの意味。
蒸し炒めにして、野菜の旨みを引き出すのがこの料理の特徴です。

材料 3〜4人分

カリフラワー …… 100g
じゃがいも …… 1個 (100g)
油 …… 大さじ3
にんにく (みじん切り) …… 小さじ1
しょうが (みじん切り) …… 小さじ1
クミンシード …… 小さじ1 (2g)
塩 …… 小さじ1
ミックススパイス (P7) …… 大さじ1 (6g)
トマト缶 (つぶす) …… 1/4缶 (100g)

作り方

❶ カリフラワー、じゃがいもは皮をむき、ともに一口大に切る。

❷ フライパンに油を中火で熱してにんにく、しょうがを入れ、香りが立ったらクミンシードを加え、焦がさないように油に香りを移す。❶を加えて炒め、油がなじんだら、塩、ミックススパイスを加えてなじませる。

❸ トマト缶を加え、さらにつぶしながら5分ほど炒める。火を止め、ふたをして余熱で10分ほど蒸らす。

トマトとオクラの
サブジ

初夏が旬の野菜を使った副菜としてのサブジ。
ほかの季節には、そのときの旬の野菜をアレンジしてみてください。

材料 3〜4人分

トマト …… 小2個 (120g)

オクラ …… 6本 (60g)

玉ねぎ …… 約1/4個 (60g)

油 …… 大さじ2弱

フェンネルシード …… 小さじ1 (2g)

しょうが （粗みじん切り） …… 小さじ2

青唐辛子 （小口切り） …… 2本

ターメリック …… 小さじ1 (3g)

塩 …… 小さじ1/2弱

レモン汁 …… 小さじ1

作り方

1 トマトは食べやすい大きさに切り、オクラはガクは除き、3等分の長さに切る。玉ねぎは5mm幅に切る。

2 フライパンに油を中火で熱してフェンネルシードを入れ、香りが立ったら、しょうがと青唐辛子を加え、弱火にして焦がさないように油に香りを移す。

3 オクラ、玉ねぎ、トマトを順に加えてそのつど中火で軽く炒める。なじんだら、ターメリックを加えて炒め、塩、レモン汁を加えて味を調える。

カレーに合う
主食

汁気の多いカレー、少ないカレー、それぞれに適した主食があります。
1章で紹介した、ターメリックライスのほかにも、
チャパティやクスクスなど、カレーに合わせて自由にアレンジしてください。

チャパティ

栄養価の高い全粒粉を使った薄焼きパン。フライパンで手軽に焼けるので便利です。
ベイガンバルタ（P60）のような汁気の少ないカレーに合います。

材料 8枚分

全粒粉 …… 240g
塩 …… 小さじ1/2
水 …… 160㎖
打ち粉（全粒粉）
　…… 適量

作り方

1 ボウルに全粒粉と塩を入れて分量の水を3回に分けて加え、そのつど手で混ぜて水をなじませる（**a**）。ひとまとまりになったら、なめらかになるまでこねる。丸めて（**b**）ボウルに入れ、ラップをして室温で30分ほど（冬は1時間）休ませる。

2 **1**を8等分して丸め、打ち粉をした台で、めん棒で直径約16㎝に薄くのばす（**c**）。

3 フライパンを油をひかずに中火で熱し、**2**を1枚入れ、軽く焼き色がつくまで両面を焼く。生地が少し膨らんだら焼き上がり（**d**）。残りも同様に焼く。

バスマティライス

炊飯器でも炊けますが、「湯取り」がおすすめ。浸水時間もないので手軽です。
パラリとしているので、汁気の多いカレーと相性抜群。

材料　4人分

バスマティライス（下記参照）⋯⋯ 2カップ（炊くと倍量になる）

Pick up

バスマティライス

インドを中心に生産されるインディカ米（長粒種）の一種で、香りがよく「香り米」とも呼ばれる。日本のうるち米より粘り気が少なく、パラリとした食感が特徴。

作り方

1 バスマティライスはさっと洗い、ザルに上げて水気をきる。

2 鍋にたっぷりの湯を沸かし、**1**を入れて（**a**）鍋底につかないように軽く混ぜる。

3 沸騰したらふつふつするくらいの火加減にして、ふたをせずに10分ほどゆでる。火を止め、ザルに上げて湯をきり、鍋に戻し入れ、再びふたをして余熱で10分ほど蒸らす。

沸騰した湯に、洗ったバスマティライスを加えてゆでる。

クスクス

モロッコ料理でおなじみのクスクスは、汁気の多いカレーに合わせるのに向いています。
手軽にもどせるので、時間のないときにも便利。

材料 4人分

クスクス（下記参照）…… 400g
熱湯 …… 450㎖

Pick up

クスクス

硬質小麦の一種、デュラム小麦の粗びき粉に水を含ませ、粒状に丸めたもの。世界最小のパスタとも呼ばれ、プチッとした食感が特徴。野菜や肉の煮込み料理にかけて食べたり、スープやサラダなどにも使われる。

作り方

ボウルにクスクスと分量の熱湯を注ぎ、ラップをして10分蒸らす。やわらかくもどったら、混ぜてほぐす（a）。

冷めると固まるので、温かいうちにほぐしておく。

スパイスカレーに合う
ドリンク & スイーツ

スパイシーなカレーの余韻を楽しみながら味わいたいのが、
ほろ苦いコーヒーやちょっと甘めのチャイ。
「山田珈琲豆焙煎所」も営むネゴンボ直伝のドリップコーヒーの淹れ方もぜひ覚えて。
「コーヒーゼリー」と「ラムレーズンアイス」のレシピも公開します。

コーヒー豆のおいしさを
最大限に引き出した
ドリップコーヒー

苦みのある
深煎りのコーヒー豆を使った
アイスコーヒー

ネゴンボ流
ハンド
ドリップの
淹れ方

ネゴンボではしっかり濃いめに抽出するためにコーヒー豆15gで150㎖抽出します（一般的にはコーヒー豆10gで150㎖を抽出）。抽出量を多くすれば薄めのさっぱりとした味になるので、好みの味を見つけてください。

point!
注ぎ口の細いドリップポットを使うと、湯を安定して注ぐことができるよ

❶ ドリッパーに挽いた粉をセットして、表面を平らにならす。

❷ はじめに少量の湯で粉を蒸らす。色も香りも濃いコーヒーを抽出するために、蒸らしは丁寧に行う。ドリッパーの中央部分を目指してそっと湯を注ぎ入れていく。

❸ 粉全体が湿るまで注ぐが、このときに粉が充分に水分を含みつつ、下のサーバーに湯が落ちてこない状態をキープできると、その後に濃いコーヒーの抽出ができる。

❹ 30秒ほどそのまま蒸らす。

❺ 粉がふんわりと膨らんでくる。膨らみをつぶさないようキープしつつ、数回に分けて少しずつ湯を全体にまわし入れる。

❻ 抽出したいコーヒーの量になったら、ドリッパーをとりはずす。このときにまだドリッパーの中に湯が残っていてもさっととりはずす。

Pick up

湯の温度について

熱すぎると苦みが出やすく、ぬるいとコーヒーの成分が充分に抽出されません。コーヒー豆の焙煎度合いにもよりますが、85〜95℃くらいが適温とされています。湯を沸騰させたら、そのままドリップをせずに、一度コーヒーサーバーに入れてから（サーバーも温められる）、ドリップポットに移すと、温度を10℃前後下げることができます。

ネゴンボ流
急冷方式のアイスコーヒーの淹れ方

ネゴンボでは、しっかりとした苦みが感じられる深煎りのコーヒー豆を使用。香りのよさと香ばしさを感じられるように急冷方式で淹れています。冷やすときに使う氷のサイズや動かし方に気をつけて、余分な水分が出ないようにすると、濃く、香りのよいアイスコーヒーを淹れることができます。

仕上がり目安500㎖

❶ コーヒー豆40gでコーヒーサーバーに300㎖になるまで抽出する（淹れ方は上記参照）。

❷ ❶に氷をたくさん（250gほど）入れる（大きめの氷のほうが溶けにくく、水分が出すぎない）。

❸ 氷をトングやスプーンで上下縦方向に動かしながらコーヒーを冷やす（ぐるぐるまわすと氷がたくさん溶けすぎて水っぽくなりやすい）。充分に冷えたら、氷がそれ以上溶けないように、すぐにとり出す。保存する場合はそのまま冷蔵庫へ。氷を入れたグラスに注ぐ。

ダブル焙煎の
コリアンダーコーヒー

アールグレイのような香りがするコリアンダーシードと、
果実感のある浅煎りコーヒー。
コーヒーの焙煎とスパイスの焙煎により、
香りがより広がります。

材料 1人分

浅煎りコーヒー豆 (挽いたもの) …… 15g
コリアンダーシード …… 小さじ1 (2g)

作り方

1 コリアンダーシードをフライパンで弱めの中火で煎る（色、香り、音、はぜる動き、煙の上がり具合をよく見ながら香りよく煎る。真っ黒くなると焦げるので、煎りすぎに注意）。

2 **1**をすり鉢やミルで粗めに粉砕する。

3 フィルターの底に**2**を入れ、挽いた粉を入れ、湯を注いで200ml抽出する（P89参照）。

カルダモン
カフェオレ

チャイのような香りのよいカフェオレ。
深煎りコーヒーと
煮詰めたミルクのコク、
上品なカルダモンの香りが楽しめます。

材料 1人分

深煎りコーヒー豆 (挽いたもの) …… 12g
牛乳 …… 150ml
カルダモン …… 3個

作り方

1 鍋に牛乳とつぶしたカルダモンを入れて中火にかけ、沸騰したら弱火にし、100mlになるくらいまで5分ほど煮詰める。

2 深煎りコーヒーを100ml抽出（P89参照）し、**1**と合わせる。

チャイ

インドでおなじみのスパイスティー。
クローブ、カルダモン、シナモンスティック、
しょうがを茶葉と一緒に煮出します。
甘さは好みで調節を。

材料 1人分

紅茶の茶葉 (ケニアティー) …… 10g

A ┌ **クローブ** …… 1個
  │ **カルダモン** …… 1個
  │ **シナモンスティック** …… 1cm (1g)
  └ **しょうが** (薄切り) …… 10g

牛乳 …… 200㎖

甜菜糖 …… 大さじ1強 (15g)

作り方

1 小鍋に水100㎖と茶葉を入れて火にかけ、煮立ったら弱火にして1分煮出す。

2 Aを加え、水分が少なくなるまで弱火で2分ほど煮出す。

3 牛乳、甜菜糖を加えて弱めの中火にする。煮立ったら鍋を火から離し、これを数回繰り返す。茶漉しで漉してカップに注ぐ。

ラッシー

牛乳とヨーグルトを混ぜ、
レモン汁で酸味を利かせるのがネゴンボ流。
刺激的なカレーの辛さを
緩和してくれる役割も。

材料 1人分

牛乳 …… 80㎖

プレーンヨーグルト …… 80㎖

ビートグラニュー糖 …… 大さじ1弱

レモン汁 …… 大さじ1

作り方

すべての材料をシェーカーかブレンダーで混ぜる。氷を入れたグラスに注ぐ。

マンゴーラッシー

スプラッシュ
マンゴー

マンゴージュースの濃厚な甘みを活かした
デザート感のあるラッシー。

濃厚なマンゴージュースをスパイシーな
ジンジャーエールで割った、
すっきりとしたドリンク。

材料 1人分

牛乳 …… 55㎖
プレーンヨーグルト …… 55㎖
マンゴージュース（下記参照）…… 70㎖
レモン汁 …… 大さじ2/3
ビートグラニュー糖 …… 大さじ1弱

作り方

すべての材料をシェーカーかブレンダーで混ぜる。
氷を入れたグラスに注ぐ。

材料 1人分

ジンジャーエール（下記参照）…… 95㎖
マンゴージュース（下記参照）…… 180㎖
レモン汁 …… 大さじ1

作り方

グラスにすべての材料を入れて混ぜる。

Pick up

ジンジャーエール

しょうがと数種類の香辛料を
時間をかけて煮出して作られた
「n.e.o プレミアムジンジャエール」
（友桝飲料）を使用。

マンゴージュース

「マンゴーの王様」といわれる
インド産のアルフォンソマンゴー
を使用した濃厚なタイプがおす
すめ。

コーヒーゼリー

ラム酒が香る、ビターなコーヒーゼリー。アガーを使って、弾力があってのどごしのよい食感に仕上げます。

材料　4人分（でき上がり目安500g）

コーヒー（アイスリキッドコーヒー P95）
　…… 500㎖（または深入りコーヒー豆50gで
　500㎖抽出。手順はP89参照）

ビートグラニュー糖 …… 75g

アガー（下記参照）…… 12g

ラム酒（下記参照）…… 小さじ1/2弱

トッピング

生クリーム、乾燥ざくろ
　（あれば、下記参照）…… 各適量

作り方

❶ 小鍋にビートグラニュー糖とアガーを入れてよく混ぜる。コーヒーを加えてしっかり混ぜてから中火にかけ、軽く混ぜながら沸騰直前まで（90℃以上でアガーが溶ける）温め、全体がなじんだら火を止める。

❷ ラム酒を加えて混ぜる。バットなどに移し、そのまま冷ます（急冷すると、固まり具合にムラが出るので、常温でゆっくりと冷ます）。

❸ ❷を大きいスプーンなどですくい、グラスに1人分（120g）を盛る。食べるときに、生クリーム、乾燥ざくろをトッピングする。

※冷蔵庫で1週間保存が可能。

Pick up

アガー

弾力のある食感と透明感が特徴で、固まると常温でも溶けない。主成分は海藻の抽出物と豆科の種子の精製物。

コルコル
赤ラベル

南大東島のさとうきびが原料の国産ラム酒。素材の風味を活かすために、無添加・無着色に仕上げて、強い味わいがある。

乾燥ざくろ

ざくろを種ごと乾燥させたドライフルーツ。主に料理に酸味を出すために隠し味に用いられる。

ラムレーズンアイス

ラム酒の香り高い、大人のデザート。
泡立て器で手軽に自家製アイスクリームが作れます。

材料 5人分（でき上がり目安500g）

卵 …… 3個

甜菜糖 …… 75g

生クリーム …… 220㎖

牛乳 …… 45㎖

ラム酒（P93参照）
　…… 小さじ1

ラムレーズン* …… 30g

作り方

❶ ボウルに卵、甜菜糖を入れて、泡立て器で甜菜糖がしっかり卵になじむまでよく混ぜる。

❷ 別のボウルに生クリームと牛乳を入れて生クリームが固まらない程度に混ぜる。

❸ ❷に❶を加えて（**a**）、混ぜ合わせ、ラム酒を加えてよく混ぜる。

❹ ステンレス製の容器に、ラムレーズンを散らして入れる。❸をザルで漉しながら流し入れる（**b**）。冷凍庫で3時間ほど冷やし固める。

❺ いったんとり出し、2層に分かれているのでスプーンで全体をしっかりと混ぜ合わせ、再度冷凍庫で3時間ほど冷やし固める。

*ラムレーズンは、レーズンをラム酒に3日以上浸してやわらかくもどしたものを使用。

生クリームと牛乳は、生クリームが固まらない程度に攪拌し、❶の卵と甜菜糖を混ぜたものを加える。

ザルで漉しながら容器に注ぎ入れて、なめらかに仕上げる。

 **お店の紹介**

西所沢駅から徒歩8分ほど、街道沿いにある10席たらずの小さな店。地元の野菜をはじめ、信頼のおける食材を使用。素材のおいしさを引き出すことに重きをおいた独自のカレーが評判。一番人気のラムキーマカレーをはじめ、数種類のカレーを日替わりで提供している。当日のメニューはTwitterで告知。テイクアウト可。隣接する「山田珈琲豆焙煎所」では、コーヒー豆、アイスリキッドコーヒー、ドリップバッグコーヒーなどを販売。

---

negombo33

ネゴンボ　サンジュウサン

住所 埼玉県所沢市星の宮1-9-1　**電話** 04-2928-8623
アクセス 西武池袋線 西所沢駅より徒歩8分　**営業時間** 11:30〜15:00
定休日 月曜日、日曜日　**HP** http://negombo33.com/
フランチャイズ店に、negombo33高円寺店、negombo33川越店がある。

／ negombo33 オリジナル商品 ＼

🐾 negombo33 監修レトルトカレー

ラムキーマカレー

ポークビンダルー

ベイガンバルタ＆ラッサム

所沢牛カレー

アイスリキッドコーヒー

こちらからも買えます

／ 本書の食材の購入先 ＼

アンビカコーポレーション

スパイスをはじめ、インド米、豆類、パパドなど、インド食材がなんでも揃っている。

オンラインショップ https://shop.ambikajapan.com/
実店舗に、蔵前店、西葛西店、新大久保店がある。

肉のカワベ

「ラムキーマカレー」用のラム肉などを扱う食肉店。取り寄せ可能。

住所 東京都東久留米市下里5-12-12
東久留米卸売市場内
電話 042-471-7064
営業時間 6:15〜13:00（日曜は12:00まで）
定休日 祝日、市場公休日

月野原農園

所沢の中富地区で、農薬・化学肥料不使用で野菜を栽培。毎週旬の野菜を届けていただいている。

HP https://tsukinohara.jimdofree.com/
月野原農園の野菜は
TAVege（タヴェジ）で購入可能。
HP https://www.tavege.net/

小川食品工業株式会社

「こめ胚芽油」は米の胚芽部分も含む、米ぬかから抽出した油。料理を引き立てるほのかな香ばしさがある。店では一斗缶で注文している。

オンラインショップ https://www.takenoko.co.jp/
ネットショップをはじめ、自然食品店などでも販売されている。

山田孝二 やまだ こうじ

negombo33店主

東京都府中市出身。子どものころからカレー好き。学生時代にインド料理店でアルバイトをする。このころから友人にカレーをふるまうようになり、皆に喜ばれた経験がカレー店をはじめる原点となる。大学卒業後、食品や飲食関係の仕事につく。水産会社で魚の買いつけの仕事に携わり、インドやスリランカ、ベトナムなどに出向き、現地のカレーを味わう。国内でも200軒以上のカレー店を食べ歩く。10年間のサラリーマン生活を経て、店を開くことを決意。インド料理教室「キッチンスタジオ ペイズリー」の門をたたき、伝統料理の基礎を学ぶ。その上で自分の好きなテイストを打ち出した独自のカレー作りを目指し、日々探求を続けている。2009年「negombo33」をオープン。口コミで評判となり、遠方からもカレーファンが足を運ぶ人気店となる。2012年「山田珈琲豆焙煎所」開業。フランチャイズ店やレトルトカレーの監修、料理教室なども行う。

※店舗情報はP95へ

Staff

デザイン　GRiD（釜内由紀江、井上大輔）

撮影　松永直子

校正　ディクション株式会社

編集　内田加寿子

お店の味を完全再現

ネゴンボ33の
スパイスカレー

2023年6月20日　初版印刷
2023年6月30日　初版発行

著　者　山田孝二

発行者　小野寺優

発行所　株式会社河出書房新社
　　　　〒151-0051
　　　　東京都渋谷区千駄ヶ谷2-32-2
　　　　電話 03-3404-1201（営業）
　　　　　　 03-3404-8611（編集）
　　　　https://www.kawade.co.jp/

印刷・製本 凸版印刷株式会社

Printed in Japan
ISBN978-4-309-29297-7

本書の内容に関するお問い合わせは、お手紙かメール（jitsuyou@kawade.co.jp）にて承ります。恐縮ですが、お電話でのお問い合わせはご遠慮くださいますようお願いいたします。

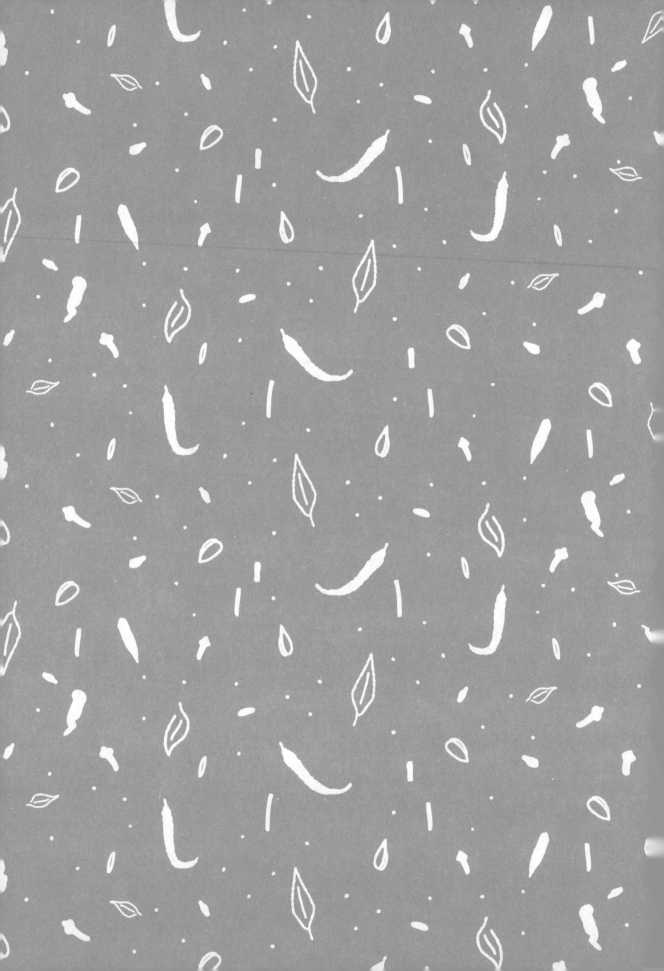